THE SECRET OF THE
INTERNET OPERATION

互联网运营的秘密

程慧◎著

北京邮电大学出版社
www.buptpress.com

图书在版编目（CIP）数据

互联网运营的秘密/程慧著. -- 北京：北京邮电大学出版社，2018.4
ISBN 978-7-5635-5417-1

Ⅰ.①互… Ⅱ.①程… Ⅲ.①互联网络—应用—企业管理—运营管理 Ⅳ.①F273-39

中国版本图书馆CIP数据核字（2018）第068173号

书　　　名：	互联网运营的秘密
著作责任者：	程　慧　著
责任编辑：	刘　佳
出版发行：	北京邮电大学出版社
社　　　址：	北京市海淀区西土城路 10 号（邮编：100876）
发　行　部：	电话：010-62282185　传真：010-62283578
E-mail：	publish@bupt.edu.cn
经　　　销：	各地新华书店
印　　　刷：	保定市中画美凯印刷有限公司
开　　　本：	720 mm×1 000 mm　1/16
印　　　张：	10.25
字　　　数：	172 千字
印　　　数：	1—1 000 册
版　　　次：	2018 年 4 月第 1 版　2018 年 4 月第 1 次印刷

ISBN 978-7-5635-5417-1　　　　　　　　　　　　　　　定价：26.00元

・如有印装质量问题，请与北京邮电大学出版社发行部联系・

序

The Secret of the Internet Operation

互联网在颠覆了众多行业，让大量岗位消失的同时，也催生了很多岗位。互联网运营便是其中最常见，也是进入门槛最低的一种。本书从互联网运营开始讲起，到产品和运营的关系，再到运营的四个模块、运营团队的组建管理，最后切入整体知识体系的搭建、运营者的成长之路。在写作本书时，作者在中国移动体系内从事互联网运营工作，写作过程中又采访了大量的互联网创业公司。书中提炼的互联网运营方法来源于实战的体会和提炼，是互联网运营者的一本体系化学习用书。

作者从中国移动 Mobile Market（中国移动应用商场）就开始跟踪中国移动互联网之路，书中描述了大量中国移动的互联网案例。如中国移动坐落于杭州的首个双创实体孵化器"和创空间"，又如咪咕阅读从单一合作版权业务模式到尝试从数字阅读运营商向 IP 运营商转型，还在各地开起了咖啡厅，可以从另一个角度看到中国移动互联网的运营之道。

最后，附上了"互联网运营培训圈"的微信培训圈的精选课程笔记。这是一个公益性质的线上培训组织，不定期邀请互联网、终端行业内的专业人士在线上授课，笔记由作者的助手施红梅整理。在此作者感谢各位老师的无私贡献，他们同意在本书中刊登相关内容，以造福更多朋友。

在将来，没有哪家公司是专门的互联网公司，也不会有谁是专门的互联网人员。互联网已经普及到城市的各个角落，涌动在每个人的血管里。无论身处何所、所做何为，掌握互联网运营之道，学会用互联网呈现自己，将逐渐成为基本的生存之道。

这是我们每一个人的时代！

目录

The Secret of the Internet Operation

第一章 | 抓住互联网时代的机遇

第一节　互联网＋时代 / 2

第二节　互联网＋时代的三个关键词 / 4

　　　　一、连接 / 4

　　　　二、分享 / 5

　　　　三、普惠 / 6

第三节　互联网＋创业创新 / 7

第四节　创客与创客空间 / 8

第五节　创业者是从 0 到 1，还是从 1 到 9 / 10

案例：中国移动和创空间落户杭州 / 12

第二章 | 互联网运营基础

第一节　什么是互联网运营 / 16

　　　　一、运营是向目标客户群传播价值 / 16

　　　　二、运营是满足需求让用户留在产品上 / 17

　　　　三、运营是在现有形态基础上创造新鲜玩法 / 17

第二节　产品和运营 / 18

第三节　四个运营模块 / 19

第四节　运营常见岗位 / 20

　　　　一、新媒体运营 / 20

　　　　二、商务 BD / 21

第五节　运营人员职业生涯之路 / 21

案例："奔跑吧兄弟3"月流水破千万的背后 / 22

第三章 | 运营团队的组建和管理

第一节　扁平灵活的组织架构 / 26

第二节　传统企业的"边破边立" / 27

第三节　互联网企业的管理 / 28

第四节　创业团队的管理 / 29

第五节　远程工作方式 / 30

案例：韩都衣舍的"以产品小组为核心的单品全程运营体系（IOSSP）" / 32

第四章 | 用户运营

第一节　运营的根本是满足用户需求 / 38

第二节　运营三部曲：拉新 留存 促活 / 39

　　　　一、用产品核心价值吸引用户的拉新 / 39

　　　　二、刺激转化，关注流失，提高留存 / 41

　　　　三、投其所好的用户活跃 / 42

第三节　搭建分层级的用户运营体系 / 43

第四节　与核心用户保持密切联系 / 44

第五节　对网络原住民需要新型运营方式 / 45

第六节　把产品连接到用户场景流程里 / 46

案例：狂砸6个亿做庆生 / 47

第五章 | 内容运营

第一节　为什么好的内容这么重要 / 52

第二节　普及产品价值观比流量更重要 / 53

第三节　将内容融入产品场景中 / 54

第四节　结合热点做运营 / 56

第五节　做出让用户愿意分享的内容 / 58

案例：如何在 1 天内做到 1 500 万 APP 曝光 20 万下载？/ 60

第六章 | 渠道运营

第一节　渠道拓展了运营边界 / 64

第二节　渠道合作方的选择 / 65

第三节　从注册开始最简单的渠道合作 / 66

第四节　先从自有渠道运营开始 / 67

　　一、微博 / 67

　　二、微信公众平台 / 68

　　三、官方论坛 / 69

　　四、社群 / 69

第五节　常见的渠道类型 / 70

　　一、媒体 / 70

　　二、社群 / 71

　　三、联盟广告 / 71

　　四、应用商城 / 72

第六节　充分利用渠道红利期 / 72

案例：全 IP 五个同步运营模型 / 73

第七章 | 活动运营

第一节　活动运营就是把产品价值生活化 / 78

第二节　策划，执行，复盘的三部曲 / 78

　　一、策划 / 79

　　二、执行 / 80

　　三、复盘 / 82

第三节　常用的活动形式 / 88

　　　　一、话题 / 88

　　　　二、游戏 / 90

　　　　三、O2O / 90

　　　　四、补贴 / 91

　　　　五、公益慈善 / 91

　　第四节　策划活动的关键点 / 92

　　案例：名人群体脱口秀的"大咖星之夜" / 93

第八章 | 数据在运营中的作用

　　第一节　数据的重要性 / 98

　　第二节　数据从何而来 / 99

　　第三节　几组常用的数据 / 101

　　　　一、用户类 / 101

　　　　二、流量类 / 102

　　　　三、电商类 / 103

　　　　四、移动应用 / 104

　　第四节　如何做数据分析 / 104

　　案例：咪咕的咖啡，全新 3S 时代 / 106

第九章 | 运营者的自我修养

　　第一节　何谓一个好的运营者 / 112

　　第二节　保持创业者的心态 / 114

　　第三节　建立自己的运营知识体系 / 115

　　第四节　用互联网呈现自己 / 116

　　第五节　用心保持一点情怀 / 117

附录 | "互联网运营培训圈"课程笔记

　　第一课　秦田：互联网传播的若干事 / 119

目录

第二课　周磊：自然交互，智能生活 / 122

第三课　詹宏帅：坐在家里买铁搭 / 125

第四课　陈志刚：微信思维 / 129

第五课　许宁："互联网+"时代传统企业创新转型 / 132

第六课　蔡振华：带你走进 VR 的世界 / 138

第七课　顾嘉：超过 1 000 天的运营体验分享 / 148

第八课　颜鹏：一次微信主义的布道 / 152

第一章
抓住互联网时代的机遇

第一节 互联网+时代

互联网起源于阿帕网。1968年，美国国防部高级研究计划局组建了一个计算机网，名为 ARPANET（Advanced Research Projects Agency Network，又称 ARPA 网）。1975年，ARPA 网被转交至美国国防部通信处（Defense Department Communication Agence）。1982年中期 ARPA 网被停用，1983年 ARPA 网被分成两部分，即用于军事和国防部门的军事网（MILNET）以及用于民间的 ARPA 网版本，改名为互联网。

在中国，1987年9月20日20点55分，按照 TCP/IP 协议，中国兵器工业计算机应用研究所成功发送了中国第一封电子邮件，如图1.1所示。这封以英、德两种文字书写，内容是"Across the Great Wall we can reach every corner in the world."（越过长城，走向世界）的电子邮件标志着中国与国际计算机网络成功连接。

1994年4月20日，中国实现与互联网的全功能连接，成为接入国际互联网的第77个国家。

历经21年发展，中国互联网在2015年进入了互联网+时代。2015年两会上，腾讯公司控股董事会主席兼首席执行官马化腾提出人代会建议案《关于以互联网+驱动，推进我国经济社会创新发展的建议》。互联网+真正成为国策的标志性事件是李克强总理在2015年政府工作报告中提出："制定'互联网+'行动计划，推动移动互联网、云计算、大数据、物联网等与现代制造业结合，

第一章
抓住互联网时代的机遇

图1.1 中国第一封电子邮件成功发出（图片来源于中国计算机报）

促进电子商务、工业互联网和互联网金融健康发展，引导互联网企业拓展国际市场。"在十二届全国人大三次会议记者会上答中外记者问时，李克强总理又表示"站在'互联网+'的风口上顺势而为，会使中国经济飞起来"。

什么是互联网+，有很多不同的理解。最早发布《2015互联网+白皮书》的阿里研究院把其定义为：以互联网为主的一整套信息技术（包括移动互联网、云计算、大数据技术等）在经济、社会生活各部门的扩散、应用过程。

百度公司创始人、董事长兼首席执行官李彦宏认为：互联网+是互联网和其他传统产业结合的一种模式。这几年随着中国互联网网民人数的增加，现在渗透率已接近50%。尤其是移动互联网的兴起，使得互联网在其他产业当中产生了越来越大的影响力。我们很高兴地看到，过去一两年互联网和很多产业一旦结合，就变成了一个化腐朽为神奇的东西。（中国新闻网，2015年3月11日）

小米科技创始人、董事长兼首席执行官雷军认为：李克强总理在报告中提"互联网+"，意思就是怎么用互联网的技术手段和互联网的思维与实体经济相结合，促进实体经济转型、增值、提效。（雷军告诉你：互联网+加的是什么 湖北网络广播电视台，2015年3月14日）

而最权威的官方版，则是《国务院关于积极推进"互联网+"行动的指导意见》（国发〔2015〕40号）文件中的定义。在这份文件中，互联网+被定义为：

把互联网的创新成果与经济社会各领域深度融合，推动技术进步、效率提升和组织变革，提升实体经济创新力和生产力，形成更广泛的以互联网为基础设施和创新要素的经济社会发展新形态。

第二节　互联网+时代的三个关键词

一、连接

连接是一个很奇妙的词。村落连接在一起，就成为城镇；城镇连接在一起，就成为城市；城市连接在一起，就成了国家。因为出版社，读者和作者连接在了一起。

可以说，文明是连接起来的。在人类文明的进化史上，火车、蒸汽机、航空的出现，都促进了连接。互联网的出现，进一步促进了连接，提升了沟通效率。用现代管理学之父德鲁克先生的话来说，"互联网最大的影响力是消除了沟通之间的距离。"

可以看到，各巨头都希望成为连接者。2014年11月19日，在乌镇举行的世界互联网大会上，腾讯公司控股董事会主席兼首席执行官马化腾表示，腾讯将专注于做互联网的连接器："腾讯的优势是在通信、社交大平台上，现在整个战略是回归本质，做互联网的连接器，不仅把人连接起来，还要把服务和设备连接起来。"2016年3月17日，中国移动在香港发布2015年财报，用了"连接驱动发展"来定义未来战略，并表示将从做大连接规模、做优连接服务、做强连接应用等方面来实施。

近年来，手机的出现进一步促进了连接。相较于过去在计算机上用互联网，连接的是计算机，手机真正将人与人、人与资源连接在一起。

腾讯公司推出了为智能手机提供即时通信服务的应用程序——微信，促进了人与人之间的连接，从此有了一个新的词，叫社群。人以群分，在某些方面相似的人们汇聚在一起，相互交往，加强沟通。同样的应用，还有新浪微博、豆瓣等。

阿里巴巴推出的余额宝，促进了资源与资源之间的连接，人们手头大量的闲余资金汇聚在一起，捧出一个巨大的基金。同样的应用，还包括中国电信推出的添益宝，以及中国移动推出的和聚宝。

网易推出的网易公开课，促进了人与资源之间的连接。同样的应用，还包括学堂在线、慕课平台。在其他领域，携程促进了人们与旅游机构或旅游景点之间的连接；大众点评促进了人们和餐饮机构之间的连接。

在不久的将来，通过传感器等设备，还将促进物与物的连接。人们生活中很多习以为常的传统产品，已经被赋予新的信息，例如能知道牙齿健康状况的智能牙刷，可以测睡眠的床垫，还有能读取人们偏好的智能电视。

万物互联的时代，即将来临。

二、分享

2016年3月5日上午9时，第十二届全国人民代表大会第四次会议在北京开幕，国务院总理李克强作政府工作报告。在报告中，总理提到了"大众创业、万众创新""线上线下互动"等互联网相关内容，报告中提到的"支持分享经济发展，提高资源利用效率，让更多人参与进来、富裕起来"，则体现了国家对分享经济的支持。分享经济使社会资源有了重新配置的巨大可能。

互联网让供需之间更好对接，从此实现了剩余产能高效利用，形成了分享经济模式。可以分享的资源包括两种，一种是闲置资源。从大的角度来说，气候变暖是全球都面临的一个问题。将有限的资源充分利用，减少环境污染，将能应对这一危机。从小的方面入手，可以把自己闲置的车子、闲置的房间更有效率地运转起来。第二种则是稀缺资源。在今天这个资源稀缺的世界里，通过人人分享的组织可以在一定程度上创造出富足的社会。

人们熟知的滴滴出行，其实就是分享经济的一种体现。滴滴于2012年6月成立，最早通过打车软件切入出租车市场；2014年，滴滴推出专车服务；2015年2月，滴滴和快的合并；2015年6月，滴滴顺风车上线；2015年7月，滴滴巴士、滴滴代驾上线，还有相继推出的滴滴试驾。在滴滴这个大平台上，通过人和车辆座位信息匹配、分发，整合闲置资源，调动巴士、出租车、专车、顺风车等社会运力，满足了大众的出行需求。

而在通信业，中国铁塔股份有限公司是分享商业模式的尝试。铁塔公司的资产来源于中国电信、中国移动、中国联通三家运营商存量资产的注入，商务模式则是在三家铁塔类相关资产出售后的共享回租。其本质是使用权大于所有权。铁塔类资产由原来三家电信企业各自拥有各自使用，变为一家拥有多家使用，甚至被全社会使用。

三、普惠

台湾散文家张晓风，曾在散文里分享旁听"经济学"课程时的笔记："什么是经济学呢？经济学就是把'有限资源'做'最适当的安排'，以得到'最好的效果'。""经济学为什么发生呢？因为资源'稀少'，不单物质'稀少'，时间也'稀少'，而'稀少'又是为什么？因为，相对于'欲望'，一切就显得'稀少'了……"

而在互联网时代，因为连接，因为分享，普惠逐步可为大众所享受。

以促进教育公平为例，大规模开放在线课程，世界上最优秀的老师通过录制课程上传平台的形式进行授课，人们随时随地都能学习到名校名师的课程，在一定程度上，促进了优质教学资源均衡化。

另一个典型的例子，是互联网金融解决了小微企业发展资金的问题。绝大多数小微企业是无法通过股票和债券市场直接融资的，向银行贷款成为单一的融资方式。但小微企业往往缺乏可供抵押的资产，很难向银行融到资金；而银行方面，不能很好地评判小微企业的还款能力，也不能放贷。在互联网金融模式，资金来源已不局限于银行，个人资金汇聚起来，数目也很可观；且利用互联网的特性，减少了信息的不对称性，投资人通过查询企业历史交易信息、在互联网上记录的工作生活情况，更加了解企业的发展情况，从而决定是否投资于该公司，解决了小微企业融资难的问题。现在还出现了帮助企业或个人增信的第三方应用，更加提高了效率。

除了人人受益，普惠还体现在以人为本。互联网是去中心化的，局部、碎片、个体的价值得到前所未有的重视。每个人的个性更加容易被识别，用户可以更灵活地参与到产品和服务中去，从而满足个性化的需求。

第三节 互联网+创业创新

在《国务院关于积极推进"互联网+"行动的指导意见》(国发〔2015〕40号)文件中,阐述了互联网+的11个专项领域。这11个领域的选择十分有智慧,选择了事关经济发展全局、贴近人民群众关切、创新变革潜力巨大,同时也是互联网能够发挥关键作用、融合大方向清晰、指导性非常明确的领域。这11个领域包括:"互联网+"创业创新、"互联网+"协同制造、"互联网+"现代农业、"互联网+"智慧能源、"互联网+"普惠金融、"互联网+"益民服务、"互联网+"高效物流、"互联网+"电子商务、"互联网+"便捷交通、"互联网+"绿色生态和"互联网+"人工智能。

而排名第一的,就是"互联网+"创业创新。应充分发挥互联网的创新驱动作用,以促进创业创新为重点,推动各类要素资源聚集、开放和共享,大力发展众创空间、开放式创新等,引导和推动全社会形成大众创业、万众创新的浓厚氛围,打造经济发展新引擎。

改革创新是各项行动之首。2014年11月,APEC工商领导人峰会在北京开幕,峰会主题为"亚太新愿景:创新、互联、融合、繁荣"。国家主席习近平出席峰会开幕式并发表主旨演讲,演讲中提到"唯改革者进,唯创新者强,唯改革创新者胜",体制的改革创新是基础。

从2014年9月,李克强总理参加夏季达沃斯论坛时,首次提出要开启大众创业全民创新的新时代;到2015年,"大众创业、万众创新"被写入政府工作报告中,这意味着大众创新创业已成为国家层面的顶层设计。可以看到,鼓励"创业创新"的良好环境在逐步营造起来。例如,政府出台"权力责任清单",要求政府"法无授权不可为",对创业创新者则是"法无禁止皆可为";为全国小微企业和创业者出台减税降费措施;国家设立了400亿元的新兴产业创投引导基金;李克强总理亲身前往深圳柴火创客空间参观;新闻联播不时报道手机游戏创业者段利军等的创业故事。

2016年两会上,李克强总理的政府工作报告中,在总结2015年工作时,提到"大众创业、万众创新蓬勃发展，全年新登记注册企业增长 21.6%，平均每天新增 1.2 万户。"而 2016 年，要"充分释放全社会创业创新潜能，除了要"强化企业创新主体地位"，还要"打造众创、众包、众扶、众筹平台，构建大中小企业、高校、科研机构、创客多方协同的新型创业创新机制"，"着力扩大就业创业。实施更加积极的就业政策，鼓励以创业带动就业。"

第四节　创客与创客空间

双创带火了创客与创客空间。

创客译自英文单词 Mak-er，源于美国麻省理工学院微观装配实验室的实验课题，此课题以创新为理念，以客户为中心，以个人设计、个人制造为核心内容，参与实验课题的学生即"创客"。

从字面上看，"创"指创造，"客"指从事某种活动的人，可以从三个层面来理解。第一层面是指勇于创新，努力将自己的创意变为现实的人。第二层面，现在通常把具有创新理念、自主创业的人称为创客。创客最终能够成为创业者，建立自己的商业帝国。第三层面，则是互联网对制造业的革命。互联网时代，制造业的准入门槛已经降低。曾提出过免费、长尾理论的美国前《连线》杂志主编克里斯·安德森，在《创客》一书中提出开源创新是互联网胜利的秘密所在，也是下一次工业革命的引擎。这次的工业革命可以解读为"创客运动"的工业化，不在于更改制造过程，而是改变了由谁制造的问题。也就是说，任何人都可以通过通用设计文件标准传给商业制造服务商来实现自己设计的产品，也可以用桌面工具自行制造产品。

创客是传统制造业企业与网络创业的混合体。例如 3D 打印，将人们已知的产品打印出来，包括鞋子、照相机、吉他等。然而创客运动是否成气候，关键还要看其对整体的经济影响有多大。

人们宁愿多花钱，也要选择有自己劳动结晶凝聚在内的产品。这就是互联网时代的创客溢价。这很像亚当·斯密在《国富论》中提出的作为高效市场重点的专业化极端情况——人们应该做最擅长的事，通过贸易获取其他人制作的

第一章
抓住互联网时代的机遇

专业化产品。这也是在将来，创客的价值所在。

众创空间也被频频提起。加快构建众创空间被放在政府的战略高度推动。众创空间，可以被看成是创新服务机构，或是新型孵化模式。实现创新与创业相结合、线上与线下相结合、孵化与投资相结合，为广大创新创业者提供良好的工作空间、网络空间、社交空间和资源共享空间。

——《国务院办公厅关于发展众创空间推进大众创新创业的指导意见》（国办发〔2015〕9号）

众创空间的核心价值不在于办公场地的提供，而在于整合资源，提供创业创新的全流程服务和帮助，包括融资对接、导师辅导、活动沙龙、政策申请等。众创空间的基本类型有以下几种。

一是企业主导。例如，联想之星由中国科学院和联想控股股份有限公司于2008年共同发起，通过免费创业培训、天使投资、创业联盟等扶持手段，发现和培养科技创业领军人才，孵化科技创业企业，推动科技成果产业化。联想之星首创"创业培训+天使投资"的模式，将专业投资机构和培训机构的优势结合，并进一步整合各类社会资源，全面解决科技创业企业和科技成果产业化发展所面临的人才、资金、资源等问题。目前已经形成创业培训+天使投资+开放平台的三位一体科技创业孵化模式。

二是媒体依托。例如，创业邦成立于2007年1月，由美国国际数据集团（IDG）和清科集团共同投资设立。创业邦致力于成为中国创业类的第一媒体集团，帮助中国新一代的创业者实现创业梦想，推动中国中小企业成长壮大。创业邦本身是一个媒体平台，有着成熟的线上、线下的宣传资源，为创业者提供矩阵式宣传。创业邦帮助创业者拓展知名度，吸引客户与投资人，一大批用户量依赖度较高的创业项目成功入驻。《新京报》也在2015年年底推出以"寻找中国创客"为主题的大型创业报道及大赛活动。

三是开放空间。例如，3W孵化器为创业者提供办公空间、投融资服务、知识培训等，孵化的公司有拉钩网、旅行派等，而3W种子基金则为互联网初创团队提供定额50万元的种子轮投资。3W咖啡推出孵化器服务，为创业者提供低成本的联合办公空间和多项软性服务。3W咖啡还推出了名为Next Big的孵化器项目，创业者只需每人每月缴纳999元，即可在3W咖啡有一块相对独立的办公场地，以3W咖啡工位作为创业公司的注册地址，同时可以享受水电、打印、收发快递等免费的统一行政服务。此外，3W 咖啡还为创业者提供许多软性资源，如投融资对接、行业培训交流及优惠的企业级服务等。

四是垂直行业。例如，北京云基地由宽带资本在北京市政府的大力支持下于 2010 年 8 月 16 日创立，旨在以"基金 + 基地"模式建立中国云计算的生态系统，成为全球领先的立足于中国云计算产业的企业群落。2010 年 8 月和 2012 年 8 月，北京亦庄云基地和北京中关村云基地分别成立，亦庄云基地成为中国首个云计算产业基地和推动北京市"祥云工程行动计划"落实发展的示范基地。北京云基地全力贯彻国家创新发展战略，力争在以云计算为代表的新一轮国际信息技术竞争中抢占先机，占领高端，形成优势。

五是新型地产。原万科高级副总裁、万科北京公司董事长毛大庆辞职后的创业项目是优客工场，走规模化发展、网络化经营路线，覆盖 6+1+X 重点城市（北京、上海、广州、深圳、杭州、厦门 + 京津冀 + 其他具有新经济引领意义的重点城市），力图形成一个布局全国的最大规模附带创业加速功能的办公空间。

2016 年 2 月，国务院办公厅发布《关于加快众创空间发展服务实体经济转型升级的指导意见》，进一步引导众创空间与实体经济紧密结合。科技部在全国开展为期 3 个月的调研，先后考察全国近 50 家专业化众创空间，并于 2016 年 7 月发布了《专业化众创空间建设工作指引》，在智能制造、轨道交通、生物医药等领域认定了首批 17 家示范性的国家专业化众创空间。目前众创空间的发展趋势，是将龙头企业作为专业化众创空间的运营主体，聚焦在某个领域，打通产业链上下游，这样更加市场化，贴近产业需求，创业孵化成功率也更高。

第五节　创业者是从 0 到 1，还是从 1 到 9

《从 0 到 1：开启商业与未来的秘密》是 2015 年大热的一本书。作者是硅谷创投教父、PayPal 创始人彼得·蒂尔（Peter Thiel）。这本书的起因是布莱克·马斯特斯（Blake Masters）2012 年在斯坦福大学法学院就读，期间选修彼

第一章
抓住互联网时代的机遇

得·蒂尔的"初创企业"课程整理的课堂笔记，后来彼得·蒂尔参与将其精编成书。在这本书里，讨论了一个问题：从 0 到 1，就是为了颠覆现在大多数人所做的从 1 到 n。（这很容易让人联想到《道德经》中所说：道生一，一生二，二生三，三生万物。）道生一是创新，是科技；一生二后，就是复制和全球化了。书中认为失败者才去竞争，创业者应当选择垄断。

这给现在的创业者描绘了一个巨大的诱惑，应该要找到一个从 0 到 1 的项目开始创业。而在中国这个庞大的、可以容下各种不同商业模式的市场上，常常会产生一种错觉，感觉自己找到了很多新的需求，从 0 到 1 并不是难事，切入一个点创新，就能快速做大后垄断市场。

2014 年年底开始创业的张镱苧女士，曾是阿里聚划算、淘宝电影、本地生活三个事业部的财务负责人。创业后，最开始的产品是"此时此刻"，基于大数据推荐此时此刻用户最需要的东西，例如一首歌、一家店，甚至是给家人打个电话。项目开始进展得很顺利，最高时 APP 日活率能达到近 50%，还是小米几款产品的首发地。但是大数据是一个需要大量资源投入的领域，在发展到一定阶段后，不可避免会遇到瓶颈。而且用户是很容易疲倦的，需要源源不断的新元素注入产品，持续地突破，才能去推动用户、留住用户。这已经是一个创业公司很难再扩展的瓶颈了。

为此，张镱苧女士总结：一是要以终为始，开始就想好要做到什么程度，盘一盘手上有什么样的资源，评估自己能做到什么样的程度，在评估资源后，定出在一个阶段里可以实现的目标，带着团队一步一步往前走；二是要将目标切段来实现，例如，将总目标切成三个阶段，在第一阶段进展到一半就要想着二阶段的事，不是某个阶段好，整体项目就一定会顺利；三是不要总想用投资烧钱来解决问题。创业者心里是有底的，项目一定要有商业价值，运营价值。不要总想着烧钱，要自己先具有造血能力。

张镱苧女士的第二个产品做了"乐只"（语出自诗经《小雅·南山有台》："乐只君子，邦家之基。乐只君子，万寿无期。"），要做快活的君子，专注于冥想和禅修。在线上做教程、做预约，线下组织实地禅修活动。按张镱苧女士的评估，手头现在就有线上团队，能做在线教育；线下本身就有遍布全国的禅修机构，可以整合满足需求。目前创业项目已渐入佳境。

在这个案例中可以看到，身心健康并不是互联网时代才有的需求，而是数千年来贴切人性本质的需求，张镱苧女士用互联网的方法来激发，创新性地满足了用户需求。创业者不用自己发明一个需求，应该去找存在的行业、存在的需求，用互联网的方式来激发、整合。

对于一次创业，真正帮助市场形成核心判断，应该是有没有可能从1到10，只有能真正从1到10的公司才能创造价值，才是对资本市场有意义的创新。

案例：中国移动和创空间落户杭州

杭州，中国七大古都之一的美丽城市。数千年来，以"上有天堂，下有苏杭"著称于世。而在今天，杭州被认为是一座有互联网基因的城市，成为中国乃至全球经济发展的一个重要地点，除了政策外，与阿里巴巴创业于此、坐落于此有很大关系。榜样、人才、资金、产业都有其独特优势。在杭州的创业创新版图上，有合称"三镇三谷"的地标，云栖小镇、梦想小镇、基金小镇，还有西溪谷、传感谷、云谷，都是梦想开始的地方，中国移动和创空间如图1.2所示。

政府牵头的梦想小镇，位于杭州市余杭仓前杭州未来科技城内，核心区块总面积约3平方千米，以章太炎故居、"四无粮仓"深厚的历史底蕴和"在出世与入世之间自由徜徉"的自然生态系统为载体。梦想小镇分为互联网创业小镇和天使基金小镇，不同定位是众创小镇模式的一个实验先锋。

中国电信、中国移动、中国联通三大运营商都在企业内部发起了员工创业创新工作。而中国移动首个双创实体孵化器——和创空间，就坐落于杭州，由其专业子公司杭州研究院代为管理运营。杭州研究院有着完善的研发体系和经验丰富的产品专家，涉及互联网能力范围广，可以实现孵化产品的无缝对接，为项目团队提供专业化指导。

2016年6月3日，中国移动在杭州发布《中国移动推进"大众创业、万众创新"行动计划（2016—2020年）》。中国移动的"双创"行动计划，在"十三五"期间将投入10亿元专项基金，孵化600个项目，通过4个专项行动来开展中国移动"双创"活动。国家发改委、工信部、浙江省委省政府相关领导以及相关行业、企业嘉宾出席发布仪式。

中国移动的双创整体流程分为创新入口、孵化、成果转化三个部分；而员工可以参与的方式,则有众包、众创、众筹众评三种。

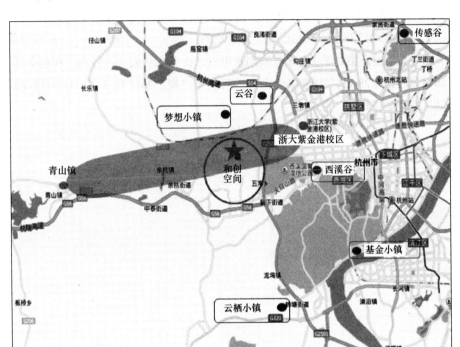

图 1.2 中国移动和创空间落户杭州

空间立足和依托中国移动自身优势,通过双创平台、孵化空间、U 型服务等"三位一体"的孵化服务模式为内部孵化团队提供良好的工作空间、网络空间、社交空间和资源共享空间。

在和创空间,运营团队服务职责包括运营管理、项目管理、业务拓展管理,具体来说:(1)负责入孵团队运营服务组织管理,围绕空间特色服务体系,组织安排例行服务活动,包括各类沙龙、讲座、论坛等;(2)针对团队个性化需求,负责产品、市场、技术、创业辅导等服务支撑;(3)负责相关项目管理、项目评审、入孵出孵流程、成果转化及创业基金的协调对接;(4)负责团队成员入驻与退出手续办理,以及协调处理用餐、住宿、工位安排等相关后勤保障工作;(5)提供业务支撑服务,如各团队项目产品商标注册,域名申请等支撑服务,知识产权、APP 审核等集团公司相关部门对接协调工作。

和创空间提供功能齐全的工作生活环境,三个办公区共设置约 150 个办公卡位，个性化的半开放式交流卡座，宽松、自由，纳米液晶触控屏幕的演示墙，可容纳 30 人左右的观众演示区间，距离空间所在地 100 余米的人才公寓。

中国移动"双创"平台已经上线（https://www.hc.10086.cn/），在双创第一期中，全国搜集到了 1 000 多项创意申报，52 支团队成功入孵线下和创空间。2016 年 11 月 28 日，中国移动启动了双创第二期。2017 年 5 月，中国移动启动了双创第三期。

第二章
互联网运营基础

第一节　什么是互联网运营

关于互联网运营，流传着很多说法：
1. 产品负责生孩子，运营负责养孩子；
2. 运营就是沟通用户；
3. 多做活动，就是运营；
4. 运营是一个框，什么都能往里头装；
5. 在线上开个店卖产品就是运营；
6. 所有能拉新、促活的事都是运营；
7. 运营是为产品传递价值；
8. 运营没什么技术含量；
9. 运营没有什么门槛，最好找入门工作；
10. 你什么都不会？没关系，先从运营开始做起吧；
11. 运营就是把产品推荐给用户；
……

一、运营是向目标客户群传播价值

无论有多少运营的方式方法，其本质都是为了用合适的方式将产品的核心

第二章
互联网运营基础

价值传递给目标客户群。要做运营，首先要明白用户为什么要使用自身产品，被产品的什么价值打动，然后根据这个价值去确定运营的手段。

例如果壳网主打"科技有意思"，要做一个可供所有热爱科学的人交流的平台。对用户来说的价值，就是可以用更轻松有趣的方式获得自己想要的知识。在果壳网站上"小组"（其实就是论坛）里有"餐桌物种日历"，每日更新，用轻松愉快的文笔，科普像茼蒿、猫儿屎等物种；微信公众号上的万有集市卖的是《桃之夭夭：花影间的曼妙旅程》这样既有科学知识又有文艺气息的作品，以及充满挑战的玩具——量子积木。果壳还做MOOC学院，除了推出自己的付费课程外，几乎把现在热门的MOOC平台网站都汇聚于此，用户可以从各种纬度筛选。

二、运营是满足需求让用户留在产品上

是留，而不是停。停是打开产品的时间，留是留在手机上，留在用户的需求里，用户在有需要时就打开产品。

运营不能等同于推销，而是让用户觉得，这就是我要的。让用户一直留在产品上，需要体现产品价值，真真切切地解决用户需求。例如"此时此刻"APP，一款基于大数据的及时行动指南软件，根据用户打开的不同时刻不同地点，把音乐、视频、美食，甚至文字做个性化推荐。"此时此刻"追求的不是让用户一直停在APP上，在某个时刻，会建议用户放下手机，给家里人打一个电话，或者去看一本书。留不留在APP上不重要，重要的是能不能解决用户的需求。同样的例子，如滴滴出行，虽然未必会时时刻刻打开，但总会留在手机里，在有出行需求的时候使用。

三、运营是在现有形态基础上创造新鲜玩法

从某种角度来说，产品只是一个个框或按钮，是冷冰冰的，没有人情味的。运营需要做的就是赋予产品新鲜玩法，源源不断更好玩的玩法，并且教用户、陪着用户、吸引用户玩，让产品不再冷冰冰。

例如分答（一款付费语音问答新产品，用户在分答上可以自我介绍或描述

擅长的领域，设置付费问答的价格，其他用户感兴趣就可以付费向其提问——百度百科），在满足了付费语音问答的基本功能后，又与中国扶贫基金会发起生命分答公益接力赛。"如果生命只剩下最后60秒，你想对这个世界说什么？"每一个普通用户都可以自主参与，用户可以用60秒语音回答这个问题，也可以花费一元钱去听感兴趣的人的答案，所有收入将捐给慈善机构作善款。这些看起来眼花缭乱的产品、运营手段，目的就是为了用更轻松、有趣、便捷、有效的方式，让用户获取知识。

又如猫眼电影，每个电影下面都有用户贡献的短影评，来承载观影后对电影的评价，并作为用户在观影前的决策依据。但这件事豆瓣早就做了，其他电影平台也有，猫眼电影创造的新玩法是，把导演、演员拉到这个平台上写评价，带动用户的关注，从而卖出更多电影票。

第二节　产品和运营

除了一般公司应具备的人事、财务、法务等综合管理职位，互联网行业通常将职位类型分为开发、运营、产品三种。

互联网公司多采用"产品驱动运营"的组织架构，即以产品经理为龙头组团队。产品经理的重要性已无可置疑。当某款产品成功了，为世人所热捧的首先便是产品经理，如张小龙之于微信。更有很多企业的初创人或公司董事长，如李彦宏、马云、马化腾、周鸿祎等，都自认为是产品经理。在双创的热潮下，创业团队通常是以打磨一款产品起家，团队领头人就是产品经理，其风格深刻影响公司产品。

那么二者之间的关系是怎样的呢？

产品是通过功能来解决用户需求。用户有需求，产品经理用产品语言（技术）的方式做出来，让用户体验、使用。后期通过不断迭代，解决用户需求。

运营是通过业务来解决用户需求。产品开发完，由运营接上。运营人员用各种活动、内容来承载业务，最终满足用户。

就像一个好的测试工程师，也会是个不错的开发工程师；好的运营人员也会是个不错的产品人员。最接近用户的人，才知道用户需要什么，而运营是最接近用户的人。运营连接起了产品和用户，是整个团队中既理解用户，又了解产品的人。运营还是产品迭代升级最好的需求、设计来源，甚至在一定程度上，运营是可以引导产品的。

产品确实有其重要性，通常会说，如果产品一无是处，光靠运营是不可能成功的。而运营也自有其重要性。产品，不仅是一种功能，也是一种业务。产品与运营，不可分割，相互成就，相互驱动。

第三节 四个运营模块

根据运营对象不同，可分为用户运营、内容运营、活动运营、渠道运营。

首先是用户运营。所有的运营，其实都是围绕用户的运营。用户运营顾名思义就是对用户进行运营管理。那么用户运营做什么呢？找到用户、贴近用户、吸引用户、引导用户、留住用户，让用户对产品有黏性，活跃起来，并做出贡献。在用户运营中，需要考虑五个问题：如何找到用户；如何让用户加入；用户来了之后，如何维护跟用户间的关系；如何让用户愿意在这里玩；用户如果要走怎么办。

用什么吸引、留住用户？内容很重要，内容运营的职责就是围绕产品核心价值组织内容、生产内容、露出内容，并根据不同场景，用合适的方式传播给用户。当然，这里所说的内容，包括了工具类产品的功能。例如对于语音识别产品，语音识别率就是最主要的内容。

围绕"内容和用户"，通过活动，在短时间内拉动一个或多个指标，就是活动运营。在做内容运营和用户运营的过程中，经常会用到活动运营。活动运营通常分为活动策划、活动执行、活动评估三个步骤。评价活动运营效果，不在于活动有多少人参加，甚至不在于活动带来了多少量，关键是希望提升的指标是不是达到预期目标。

最后是渠道运营。内容需要渠道传播，活动需要渠道获取流量，各种搜索引擎、垂直新闻、媒体、垂直论坛渠道都是用户来源渠道。通常会用数量和质量来评估渠道运营效果，数量是这个渠道带来了多少流量和用户，质量则指转化率。中级运营的成长之路，就是 BD 和渠道。BD 指商务拓展，可以把其放在渠道运营里。总之，渠道运营就是要开拓一切可以利用的资源和流量。

第四节　运营常见岗位

运营的岗位，根据第三节提到的四个运营模块，演化出很多岗位：营销策划、用户运营、新媒体运营、活动运营、数据分析、网络推广、网店运营、内容编辑、商务 BD、文案策划、渠道拓展等。岗位虽多，但大部分公司都是一人身兼数职。

新媒体运营、商务 BD 是互联网运营体系中的常见岗位。通过两个在网站上的实际例子来了解运营岗位的能力要求。

一、新媒体运营

岗位职责：1. 负责公司新媒体平台微博、微信的内容建设，包括内容和专题策划、选题、执行，跟踪推广效果，整理分析数据并反馈；2. 把握公司新媒体运营的整体风格和个性，开展阶段性的线上活动，跟踪推广效果；3. 及时掌握行业资讯和新闻热点，不断研究运营手段与推广模式；4. 参与公司整体品牌、产品的营销策划与市场推广；5. 增加用户数量，提高用户活跃度。

人员要求：1. 有互联网新媒体运营经验，本科及以上学历，传媒、营销、新闻、中文等方向优先；2. 能独立撰写文章，擅长多种文风（文艺、幽默、散文、深度长文等）；3. 熟悉新媒体传播规律，具备独立策划能力，能追热点、写策划、及时执行，并取得优秀的传播效果；4. 了解 Photoshop，精通 PPT 或 AI 更佳，熟悉秀米等编辑工具；5. 微信、微博、知乎、贴吧等新媒体的重度用户，关注公众号 100 个以上；6. 有 10 万以上微信用户运营经验者优先，有自媒体作者资源者优先。

二、商务 BD

岗位职责：1.负责市场推广、新客户商务谈判、客户信息收集，以及客户关系维护等工作；2.结合公司产品特性与客户和合作伙伴创建良好的合作模式，推进并实施销售合作项目；3.维系好现有合作关系，开拓新的合作项目，完成目标销售指标；4.收集整理市场反馈及合作上线效果数据，并对数据进行有效的分析和评估，为项目的有效执行和调整提出建议。

人员要求：1.大专及以上学历；2.一年以上 BD、销售的工作经验，有丰富的对外合作、项目洽谈和项目推进经验，能独立操作谈判项目；3.有互联网、移动互联网从业经验，了解且熟悉其产品应用及商业模式，并具有较强的市场开拓能力；4.具有较好的客户需求分析能力及解决方案设计能力，对市场具有敏感度，有激情，目标感强，沟通能力优秀，责任心非常强；5.熟练使用 Microsoft Office 相关软件，能够撰写方案；6.有大型商务拓展合作并取得较好成绩者优先，有行业、区域性渠道合作资源者优先。

第五节　运营人员职业生涯之路

运营人员要具备的能力包括策划、写作、沟通协调、数据分析、渠道拓展等。一般发展路线为：运营支撑—运营专员—运营经理—运营总监。分步解析如下：

运营支撑，通常是给运营专员打下手。具体工作包括在论坛发布内容，统计每天的用户增长数，编辑图文在微信、微博上发布，联系参加活动用户，给电商上架产品，做店铺装修等。运营工作的门槛不高，对于一个刚入门初涉运营的人来讲，通常会负责运营中的几个工作，或给运营经理打下手，做运营支撑。

入了门，开始负责一项或几项的运营内容，这就是运营专员。当然岗位的名称有时会直接叫新媒体运营、渠道拓展、运营推广等。运营专员的工作，会有很多没有写在岗位职责里的内容。

　　运营经理，通常是一个小组或中心的主管，要理解运营战略，确定预算、制定目标，建立完整运营规划，协调资源，协同团队，落地执行，对最终的产品或品牌负责。

　　再往上，就是运营总监级别，运营总监（Chief Operating Officer，COO），也有的称首席运营官。主要工作是制定全盘布局规划，制订公司运营指标、年度发展计划，推动并确保营业指标的顺利完成等。在有的公司，COO 还负责推进公司财务、行政、人力资源的管理，企业内部团队建设，建立规范、高效的运营管理体系并优化完善；维持并开拓各方面的外部关系等职责。总之，COO 的职责已经不仅仅是产品本身的运营，而是更倾向于公司运营。

　　运营的职业发展预期还是很好的。目前，互联网运营岗人员流动率比较大。所以只要在一个行业坚持下去，本公司的空位、其他公司的职位，都有可能让运营人员得到一个更高的起点。并且，随着互联网+的发展，传统行业和互联网结合已渐成常态，运营的作用会越来越大。同时懂某个行业和互联网运营的复合型人才将越来越受欢迎。如果希望转做产品、销售、策划等岗位，运营也是一个很好的起点。

案例："奔跑吧兄弟3"月流水破千万的背后

　　2015年中国移动游戏市场竞争日益激烈，IP 已成为各大游戏厂商收割手游市场份额的杀手锏，而 IP 改编手游也成了市场新宠，频频收获佳绩。例如，由咪咕互娱独家代理发行，百度游戏授权，浙江卫视首播综艺栏目同名手游"奔跑吧兄弟3——撕名牌大战"取得月流水破千万的优异成绩。该游戏自上线以来，便持续展现出强大的吸金能力：上线首月，新增用户近千万人，月流水超千万元。而随着游戏版本的持续更新，新内容、新玩法的不断添加，游戏整体数据仍在持续稳步增长中。

　　综艺 IP 凭借"爸爸去哪儿"同名手游大红大紫之后，一大批特色鲜明的综艺栏目相继被改编成手游，然而 2015 年之后，能够存活并保持长效热度的综艺手游越来越少，整个综艺 IP 改编市场也相对萧条。在这样的市场环境下，"奔跑吧兄弟3——撕名牌大战"依然能够迅速崛起，凭借的不仅仅是游戏本身优良的品质和创新的玩法，更多的是咪咕互娱在渠道推广和运营上的策略布局。

一、多渠道推广 将手游打入玩家生活

作为咪咕互娱确立精品为先发行战略后推出的综艺IP改编手游，"奔跑吧兄弟3——撕名牌大战"得到了咪咕互娱的绝大部分推广运营资源的支持。在"奔跑吧兄弟3——撕名牌大战"手游的宣传推广上，咪咕互娱不仅在线上投入大量的广告，线下配合的落地活动也一样不少。

线上推广中，咪咕互娱在浙江卫视《奔跑吧兄弟》节目植入了同名手游的宣传，爱奇艺的视频独播中也进行了游戏的推荐；百度贴吧的明星吧、游戏吧中相继开展了游戏竞猜等有奖互动；渠道也在持续性同步开展联运活动。线下推广方面，2015年11月咪咕互娱在北京联合百度移动游戏共同举办了奔跑吧兄弟IP战略合作发布会，代言人杨颖也应邀出席了活动，逾200家媒体对此活动进行宣传报道；咪咕互娱在全国重点城市的地铁中投放了巨幅游戏广告，以扩大产品知名度。

此外，咪咕互娱也尝试与其他自有产品交叉营销，例如在咪咕善跑APP内嵌入游戏广告，与咪咕善跑团队共同策划线下跑步活动。通过线上线下协同发力宣传，使"奔跑吧兄弟3——撕名牌大战"手游以绝佳的优势屹立于移动游戏市场，并且收获了众多忠实的游戏玩家，取得了优异的成绩。

二、精细化运营 造就成功的综艺IP手游

除了采用多样化的宣传推广方式，咪咕互娱也制订了一系列精细化运营策略。例如，在数据处理与分析上，每日分时段多维度获取游戏用户数据，以便及时了解游戏产品及运营效果，合理进行版本迭代。"奔跑吧兄弟3——撕名牌大战"手游上线后，版本按照月、半月、周等时间维度安排更新规划，结合渠道、玩家反馈，保持每周一小更新，两周一大更新的节奏。另外，考虑到用户的审美疲劳，咪咕互娱也在阶段性地更新资料，不断进行吸量测试优化，开展个性化的定制活动。

经过一系列的推广运营，"奔跑吧兄弟3——撕名牌大战"在手游市场脱颖而出并不困难。但是，营销方式做得再好，能长时间留住玩家的依然在于游戏本身。因此，咪咕互娱对"奔跑吧兄弟3——撕名牌大战"的产品设计方面也丝毫没有放松，为防止一波流现象，在产品上线前就已做好3个月的产品迭代计划，并且实时获取IP的最新动向，根据节目播出节奏及时更新游戏玩法。咪咕互娱发行团队始终坚持从玩家需求入手，才能保持游戏的长久热度。

从咪咕互娱在"奔跑吧兄弟3——撕名牌大战"手游中多渠道推广、精细化运营、系列产品迭代等举措中，已经明显感受到咪咕互娱在代理发行领域的雄厚实力，希望在未来的手游发展中，能够看到咪咕互娱更多的独代发行产品，也希望"奔跑吧兄弟3——撕名牌大战"这一类综艺IP改编手游能够在未来一步步走向辉煌。咪咕互娱出品的"奔跑吧兄弟3"游戏界面如图2.1所示。

图2.1　咪咕互娱出品的"奔跑吧兄弟3"游戏界面

第三章
运营团队的组建和管理

第一节　扁平灵活的组织架构

互联网时代，组织面临着不确定性和变化的复杂性。三位古典管理先驱留下的经典理论受到挑战。一是弗雷德里克·温斯洛·泰勒的科学化、标准化管理方法。泰勒认为要用科学化、标准化的管理方法代替经验管理，以提高生产效率，于是有了大规模的生产线。而互联网时代，用户开始希望被企业当作个体，而不是整个市场对待，原来企业大规模制造逐渐转向定制，柔性个性化精确生产将逐步成为主流。二是马克斯·韦伯提出的组织理论。在组织社会学的基础上，韦伯提出了科层制，以层级制、非人格化等为特征来组织企业。而互联网时代是去中心化的，每个人都是中心，没有中心、没有领导，科层制会被改变。三是亨利·法约尔提出的一般管理理论。法约尔从"办公桌前的总经理"出发，提出企业管理的五大管理职能。而互联网时代，"认知盈余"让全世界的人都可以凭自己的意愿来消费、创造和分享时间及技能，全球资源可用造就了"分布式管理"，全球都可以是企业的资源库。

小艾尔弗雷德·杜邦·钱德勒（Alfred Dupont Chandler Jr.，1918—2007）以研究企业史而著称，开创了企业史（美国人称之为商业史）这一研究领域。他认为企业的成长主要依赖于两个变量：战略和组织，而战略从属于时代，战略是根据时代的变化来设计的，但是组织又根据战略的变化来变化。

组织结构取决于目标。如果是提供产品、成本和质量等最基本目标，稳定的组织、合理的流程是最佳状态。如果是不断进行创新、迭代和变异的目标，就需要一个动态的组织。道理易懂，只是真正运作起来就需要扁平化、灵活的组织机构来支撑。这种方法已经在很多互联网企业得到了应用。例如淘宝品牌韩都衣舍，采用买手小组负责制，有3~5人，根据小组的毛利润、库存等计算提成。同时通过一个"内部赛马"机制，将运费、首页广告位等所有环节都计入成本核算。

第二节 传统企业的"边破边立"

大体量传统企业的每一次转型都面临着许多困难，小动作难以有成效，大动作则有可能决定企业的生死存亡，从属性和基因上都决定了很难做到"破而后立"。企业可以在一时难以全面转型为互联网企业的时候，根据自身的发展阶段，立足自身的优势，"边破边立"，破一部分，立一部分，打造符合互联网要求的小环境，从而实现互联网架构。例如中国电信曾提出"对新型业务的领域，实施相应隔离的互联网机制"，对旗下的易信就采用了类似的运营方式。

对于传统企业，在追求效率和成本控制的目标下，要把组织单元划小，以保持应变能力和创造性。让每个组织单元自行制订计划，独立核算，作为一个独立的利润中心，按照小企业、小商店的方式进行独立经营。日本经营之神稻盛和夫提出的阿米巴模式（阿米巴是一种单细胞生物），将企业分割成独立经营的小型组织，科学地适配人、财、物，实现责、权、利的匹配与活力效益双提升。海尔集团董事长张瑞敏提出人单合一模式，"人"就是员工，"单"就是用户，把员工和用户连到一起，使企业变成一个平台，员工自己找到用户，也可以创业，在这个平台上会出现很多小微创业团队，企业甚至帮助他们找风投。现在中国电信在全国推进的"划小承包"也是其中的一种方式。"划小承包"在市场前端主要将"责任田"（即市场）进行划小，责任田可以按区域维度（如分支局、网格）、渠道维度（如商圈、连锁店、专营店）和客户维度（如行业客户、商业客户）三个纬度划分。在责任田划小的基础上，建立责权利相适配的责任制，选聘合适的责任人。类似的还有中国联通提出的三包：任务包、薪酬包、权力包。

如果整体集团推进时机不成熟，可以尝试在一个部门内先推动。例如福建移动的信息技术支撑中心采用的办法，根据中心的重点任务，打破旧有科室的局限，将所辖人员以组为单元直接划小组开展工作，组长竞聘，组员双选。

如果在部门内推动也没到时机，虚拟团队是一个好方式。中国移动终端公司福建分公司曾尝试用"虚拟团队"的方式来推进微信平台销售手机、代客下单 B2C2C 项目，鼓励员工利用业余时间投入精力，以"收入、销量"为中心，多思考，为公司经营提出新思路。当然，常常会有人问虚拟团队中员工的时间从哪里来？克莱·舍基在《认知盈余》一书中曾表示，内在动机（自己对自己自治，胜任感）和社会动机（慷慨和共享）是原始本能，好的模式和制度会激发员工愿意投入业余时间。

在推动过程中，契约承包精神、支撑要到位是两大关键。企业要创造平台，能够快速配置资源，提供支撑；而对于各个小阿米巴模式承包人，在明确了市场目标后，要能拥有自主的用人权、薪酬分配权、资源使用权，这样就能自主经营，受益共享，风险共担。

不管做什么事，如果不是参与方都得到利益，这件事不会成功，就算一时成功也不能持久。这本是人性。

第三节　互联网企业的管理

互联网是需要人来做的，任务也是需要人来做的，世间万物并不会因为互联网，而自动自发变出来。一个公司、一个团队，是由人组成的。有人的地方，就有管理。传统的管理规则是：定完方向定战略，定完战略定组织，定完组织定薪酬，定完薪酬定人才。互联网团队的管理在一定程度上也需要遵循管理规则。

在君联资本举办的一次论坛上，阿里巴巴人力资源副总裁常扬分享了阿里的组织形态，称之为"来之能战，战完能散"的灵动模式。即不是按部门条线的组织，而是按事情、按项目、按战区的组织模式。阿里用一个 APP 来随时随地地解决团队信息共享、团队协作、员工绩效的问题。那么对公司来说，在众多的产品里，如何决定资源投在哪儿？以腾讯为例，有 1 600 个产品，要做大哪个产品，由市场来决定，而不是管理层来决定。又如威廉姆斯 - 索诺玛（美国著名家居用品零售巨头，邮寄目录册是其传统强项），在反复强调了艺术和创意时，着重提到了"创造—测试—证实—运作"的工作流程，这也是人们常说的小步快跑，快速迭代。

互联网企业惯用的激励方式是期权。如已上市的阿里巴巴，给予入职员工若干期权，在若干年后实现。关键绩效指标（Key Performance Indicator，KPI）由员工自己设定，每周在约定的某个时间里，将下周要做的事，以邮件送领导，并抄送所有同事。而这背后，是每年固定的10%末位淘汰制度。强大的业绩导向，使得员工自己要跑起来。无独有偶，雷军说他的小米团队没有KPI。对高端人才而言，有时候没有KPI，就是最高的KPI。领导不定义考核指标，自己会有一个高标准的考核。

对于传统企业，特别是国企，没有股权激励，需要一个机制来调动企业活力。对于国有企业，可以通过成立项目化产品运营团队，设立专项奖金，团队共同承担产品运营责任，来打破部门局限。以中国移动杭州研究院为例，对运营产品设定运营目标及竞聘规则，在公司范围内组织竞聘并执行产品的市场运营，运营周期结束，由评审委员会对运营业绩进行考核，并实施奖励。视需求决定该产品继续项目运营还是结束，结束后可以纳入公司总体运营产品，达到一定成熟度后由公司评审委员会进行入围评审，通过后进入运营产品列表。中国移动杭州研发院模式如图3.1所示。

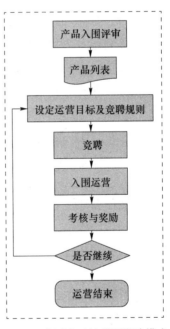

图 3.1　中国移动杭州研发院模式

第四节　创业团队的管理

大众创业、万众创新，带来了浓厚的创业氛围。大家纷纷投入创业大潮里。

对于企业来说，管理意味着投入成本。如大公司通常要设立人力、党群、纪检、内审等职位，有必要的话还要设立一套信息系统做支撑。这对于创业团队来说，显然是不适合的。那么创业的团队怎样管理？

最基本的原则是，在资源有限、前景未明时，不能一下子把架子搭得太大，要在创业的过程中边实践边上团队，逐步配人员，然后才成立公司正式运营。运营扩大后，再招募更多的团队成员。

根据运营产品不同，团队的组成是不同的。以杭州非白三维科技为例，20多个人的团队，从事技术（或是说产品）的人占到一半以上。引用杭州非白三维科技有限公司CEO茹方军先生的话：只有到50~100人，才用上管理驱动。小团队时，要讲究简单、高效，用最简单的管理，实际解决当前问题，追求团队的整体利益。这里的关键在于，要招价值观相同，能自我驱动的人；心中有想法，会执行。

正像贾森·弗里德在《重来2：更为简单高效的远程工作方式》一书中所说："想要激发出员工的动力，最好的方式是，鼓励他们从事自己喜欢的、在乎的事情，而且跟他们喜欢的、在乎的人一起做事，此外没有捷径可走。"

总之，对于创业团队来说，先有统一的价值观；再培养团队习惯，整体团队如一人，快速应对市场。

那么什么时候上管理？一个管理人员的管理幅度（又称管理宽度，是指在一个组织结构中，管理人员所能直接管理或控制的部属数目）通常是7~8个人，在公司超过20人以后，管理者就要用计划、组织、领导、控制这些方法了。

对于激励，长远来看，自然可以用将来上市后的股权。当前比较好的方式则是约定好提成比例，即绩效与公司业务扩张相挂钩。

第五节　远程工作方式

互联网最大的特点是拉近距离，张瑞敏说全世界都是海尔的研发部。员工并不需要一定在办公室才能工作。对于互联网团队来说，常常需要用远程的方式共同完成工作。这其实是有很大难度的。对于管理者来说,成员不常在一起,怎样去核实员工的完成情况,怎样保证项目的进度?见面交流的机会有限,团队成员之间如何建立信任?如何协调工作?对于员工来说,外部的约束和管制相对减弱,需要拿出更强的定力和毅力才能跟上进度,自制力和责任心其实比正常上下班还要强大。

最好的方式是使用互联网工具,而不是凭着自觉。常见的工具包括项目管理工具、电子邮件、即时通信、网络会议、语言连线和屏幕共享等。

从来没有哪个时期能像现在这样,有这么多能帮助人们顺利实现远程工作的工具,而且价格也都负担得起。按照《商业价值》的观点:"移动设备和应用在企业业务中的角色正在逐渐发生改变,从过去边缘化的角色,演变为在移动时代提升企业业务价值的生产力工具。"美国软件公司Basecamp推出项目管理工具Basecamp,30多个员工分散在世界各地远程办公,是通过远程方式协同工作的典范。公司创始人贾森·弗里德与戴维·海涅迈尔·汉森将经验总结在《重来2:更为简单高效的远程工作方式》一书中,详细描述了远程工作的时机、优势、工具、弊端等内容。

在中国,像阿里巴巴的阿里钉钉、腾讯的企业微信、微洽公司的微洽都能很好地做团队间沟通协同。在运营商中,中国移动也推出了"企业飞信",为企业提供协同办公整体解决方案,致力于提升企业沟通协作效率和信息化水平。除了同样有OA应用、考勤打卡、各类审批、团队云盘、团队文档管理等真正帮助小微企业完成移动办公外,还有运营商的几个特点。如:

1. 独享专线网络的电话会议。专门为每一个企业用户提供专线独享的网络,这使得企业飞信的电话会议更稳定,音质更清晰,完全没有其他产品出现的杂音、断断续续等情况,进入会议室后,即可进行通话交流,整个过程很顺畅。

2. 和生活分离的企业社交——工作圈。飞信提出"工作圈"的概念,对员工来说,有别于微信朋友圈,它是所有工作相关的动态与内容的载体,做到了工作与生活相分离;在解决企业内的沟通协同问题后,解决了企业间的社交。这也是一个企业的信息展示平台。后期考虑会引入精准数字营销服务,帮助企业更好更精准地做推广。

3. 企业鸡毛信，不装 APP 的消息互通。这也是运营商独特的优势，支持短信与消息的上下线互通，也就是不用装 APP，也可以收到信息，完成企业内部沟通。

案例：韩都衣舍的"以产品小组为核心的单品全程运营体系（IOSSP）"

韩都衣舍电商集团创立于 2006 年，是中国最大的互联网品牌生态运营集团之一。凭借"款式多，更新快，性价比高"的产品理念，深得全国消费者的喜爱和信赖。2016 年 7 月获批成为互联网服饰品牌第一股，股票代码 838711。

作为一家服装企业，韩都衣舍常常被在说明"互联网组织创新"时，作为经典案例引用。韩都衣舍将自己在组织创新方面的实践，总结为"以产品小组为核心的单品全程运营体系（IOSSP）"，还被选入清华大学 MBA、长江商学院、中欧国际工商学院及哈佛商学院 EMBA 教学案例库。

一、什么是 IOSSP

"以产品小组为核心的单品全程运营体系（IOSSP）"，是一套将组织划小的运营管理模式。一改传统服装企业总经理、总监、采购、设计、销售等金字塔结构，将"产品小组"作为最小业务单元，公司的每一款产品，从设计、生产、销售都以"产品小组"为核心，企划、客服、物流等公共资源以"企业公共服务平台"围绕着小组，形成统一支撑。产品小组作为自主经营体，实现了"责、权、利"相对统一，实现了单品全程运营。IOSSP 改变了传统管理学里由管理者做决策的做法，公司提供平台，成立小团队并给他们权力，激发了每个员工的活力。

二、产品小组能做什么

产品小组由 3 个职能组成，分别是研发、销售和采购。人数不定，通常为

3~7人。韩都衣舍根据上年度的销售情况和当年的增长要求，和小组谈判定任务、投入资源。日常工作中，产品小组自己决策款式、颜色、尺码、售价、促销等经营动作，以业绩提成方式和公司分成。韩都衣舍每天早上10点公布前一日所有小组的业绩排名，排名越靠前的小组，拿到的奖金越多，小组内奖金的分配由组长决定。

三、鼓励小组分裂迭代

韩都衣舍鼓励产品小组裂变，孵化子品牌和子公司。

优秀小组的成员，希望自己出去带个小组，当组长，拿多的钱，实现更大的价值；排名靠后的小组成员，可以重新选择小组加入。再加上还有不时加入公司的新人，产品小组的分裂是常态化的。小组分裂后，可以自由组合，也可以加入新员工，组建新团队。正如《认知盈余》一书中提到的"成员感、团队归属感被共同的愿景和目标激发出来。这种归属感又能引发反馈循环。在反馈循环中，自主性和竞争力同时得到提高。当人们在他所处的网络里变得越来越优秀时，他们会喜欢在里面继续待下去。当整个小组共同学习和工作的能力变强时，会吸引更多的人加入，而无法成为核心成员的新人将会去寻找更广阔的空间。"每个小组都是一个经营主体，是一个直接面对市场的小公司，灵活快速应变，增强公司活动力。

韩都衣舍鼓励做得好的产品小组做成独立品牌。当这个品牌达到一定的销售额和利润后，除了提成外，公司还会另外给分红，而且还可以再孵化自己的子品牌。新品牌独立后，又变成一个新的品牌孵化平台。这样，公司就可以不断裂变出新的品牌。

目前，韩都衣舍的子品牌已超过70个。在韩都衣舍的官网上（http://www.handu.com/），可以看到这些品牌，如图3.2所示。

员工有创业的愿望和能力，公司给予政策和资金。韩都衣舍每年都会有专项资金扶持新品牌诞生，如果要创立自己的品牌，员工写出企划书，公司批准后就可以申请资金额度，成立品牌运营了。

通过自我孵化和投资并购两种方式，扩大规模，布局细分市场，以体系复制到各个品牌。

图 3.2　韩都衣舍的官网子品牌

四、如何支撑体系运行

对传统服装企业头疼的库存积压、资金回笼等问题，韩都衣舍是采用 C2B 的需求预测和柔性生产的支撑解决的。产品小组很灵活，用买手制选款，各小组根据自己的眼光判断，挑选目前流行的款式上架，或是预售，或是先小量上架，快速跟进市场认可款式。这样可以同时推出多个款式，根据预售或是销量决定要不要继续生产，小步快跑，尽可能减少了预测与库存。柔性生产方面，和全国各地超过 200 余家供应商工厂合作，建立自己的柔性供应链仓储中心，建立了"柔性供应链"建设，成为"款多量小快跑"的生产保障。按 CEO 赵迎光的话说,"畅销旺销款会加大产量,滞销款产品则及时打折促销,避免过多尾货滞留。即使有尾货,也是返单加量生产的畅销款产品,并不会影响来年销售。这在传统销售模式下是很难实现的。"

韩都衣舍还有一套覆盖整个产品生命周期的"业务运营支撑系统(BOSS)",用信息化建设保障各个环节信息透明、数据共享,支撑每一个产品小组的数据化运营管理。

第四章
用户运营

第一节　运营的根本是满足用户需求

　　用户是如此重要。理查·布兰特在《amazon.com 的秘密》一书中提到，贝佐斯在开会时放一张空凳子代表用户，所有会议决策都像在跟用户汇报，从精神上强化员工的服务理念。

　　用户是产品生命的源头，有了用户，产品才有价值。运营，根本是围绕用户的运营。从事运营的员工，最贴近用户群体，可谓是用户之间的桥梁。什么叫真正满足用户需求？举个例子：第一位使用流水线大批量生产汽车的福特说，我在设计汽车之前，到处去问人们"需要一个什么样的更好的交通工具？"，几乎所有人的答案都是———匹"更快的马"。在这里"更好的交通工具"代表用户的"需求"；解决的方案是一匹更快的马，还是一辆汽车？这是满足用户解决方案，还是满足用户需求的区别。就像黎万强在《参与感》一书中提出："换件事做，不叫忘了初心；在即便做同样一件事时，完全是另一种做法，那才叫忘了初心。"

　　一个公司，同一个业务，针对不同的人群，可以有不同的产品。例如咪咕数字传媒有限公司（中国移动旗下开展数字出版、新媒体业务的专业公司，以下简称咪咕数媒），手机阅读是其主营业务之一，咪咕数媒针对商务客群，推出"咪咕中信书店"；对大众客群，推出"咪咕阅读"；对儿童客群，推出"咪咕星宝"；针对现在有声书的趋势，又适时推出"咪咕听书"。所以，在运营中，围绕用户，提供产品的核心价值就是满足用户需求。

如何找到用户的需求？梁宁在《我在腾讯学到的两堂产品课》一文中，提到腾讯所有产品经理的视角，基本都是"用户的使用视角是这样的""用户的使用场景是这样的""这个时候，用户的痛点是……"。总之，一切从用户出发，明确场景，找到用户需求最简单的方法就是考虑一个场景，想想在那个当下会怎样向朋友推荐产品。

当然，作为一个运营人员，还是要考虑在公司 KPI，或是资本市场部的要求与用户根本利益的平衡。

第二节　运营三部曲：拉新 留存 促活

用户运营可以分为三步。一是拉新，指拉来新用户，最直接的指标是新增用户数。运营人员要找到用户在哪里，并用尽可能低的成本获取用户。二是留存，把拉来的新用户尽可能留下来使用产品，常见的数据包括留存率，如次日留存、七日留存等。三是促活，吸引用户持续使用产品，促进产品的活跃度。促活其实也是在做留存，一旦用户的活跃度下降，就意味着用户有可能流失。常见的指标包括日活（DAU）、周活（WAU）、月活（MAU）等。

一、用产品核心价值吸引用户的拉新

第一波用户如何获取？取决于产品。产品的目标客户群可能会在哪里出现，就应该去这里找。

产品是面对 C（Customer，个人）市场，还是 B（Business，企业）市场，获取用户的方式也不同。如第三章中提到的杭州非白三维科技有限公司，提供针对 B 市场的三维数字化技术综合解决方案，CEO 茹方军获取用户的方式就是从行业咨询、行业论坛切入，参加国际汽车改装服务业展览会、3D 打印增材制造展览会这样的行业内展会、行业论坛。

拉新的方式有很多，常用的包括公众号互推、新微体平台付费推广、微信

连 Wi-Fi、定制服务功能、微信打印机、社区论坛、线上 banner 互挂等。咪咕数媒采用的扫码关注免费用 Wi-Fi 方式如图 4.1 所示。

图 4.1　扫码关注免费用 Wi-Fi

除了常规的运营手段，对于有支付场景的业务，不论线上或线下，微信支付都是一个很好的拉新渠道。对于没有支付场景的产品，结合微信公众号的功能，找到利用微信提升服务效率的场景，也会是很好的增长点。例如招商银行信用卡公众号的消费提醒，是一个很好的涨用户法宝。只要用户关注招商银行信用卡公众号，在关联了信用卡后，每笔交易都会有主动点对点微信消息推送。

用线下活动拉新，也是常用方法。米庄金融是爱学贷集团旗下做互联网金融理财的子公司。其公关部林芳坡总监介绍的方法是，去全杭州写字楼扫楼，注册即送小礼品。基于信任感角度来看，场景非常重要，满大街地堆的效果未必好。在相关合作企业内部做地堆效果最好，交易转化率高。

地堆可以结合线上一起做。例如学校里，在食堂、图书馆地堆的同时，可以将海报做成电子版形式，由地堆人员（通常是学生）转到线上，发到微信朋友圈、微博、校园 BBS。为了提升地推人员的积极性，以效果发放奖励比按工作时长计酬的方法更好。

拉新时特别重要的是要结合自己的产品目标有的放矢，而不仅仅是以抽奖等小利益吸引用户，这将阻碍后期的用户沉淀和转化。

用户数量是过程指标，没有正确的产品目标指导的数量上涨其实价值不大。在运营中，在第一步的上涨动作时就要关注用户质量。

二、刺激转化，关注流失，提高留存

拉新把人带回来，留存是把目标客户最大化沉淀下来。留存用户需要进行标签分类，在分类方式上可以参考留存用户的注册渠道、行为特征、地域等；数据画像后，用现金、流量、红包、自己产品的虚拟货币权益打动用户。

刺激转化是针对拉新用户做的一系列刺激消费的方法，让新用户留下来。常用的方法有：（1）通过引导留人，也就是通过对产品功能、使用步骤的多次描述，将用户留下来；（2）通过连接留人，通过推荐产品内优质活跃的用户，快速形成更多的好友关系连接；（3）用利益留人，通过给用户专属新权益，鼓励用户留下来。

做好留存的另一方面是召回流失用户。什么是流失，不同的产品流失用户的定义也不一样。例如微博、开心网等 SNS 网站，一个月不使用的用户即定义为流失，而如淘宝网、京东商城等电商网站，由于用户使用行为的特殊性，可能 6 个月不使用的用户才会定义为流失。关注流失，可以衡量运营手段是否直接有效，及时调整；还可以发现用户对产品的反应，快速迭代。不同类型的产品，对具体数字范围要求会有很大差别。每一个产品，可以通过数据分析，对流失用户进行分类，找到用户最容易流失的时间点，分析流失原因，找到针对不同分类流失用户的不同运营策略和方案，制订不同的防流失预警方案。

为用户提供所需要的功能，是留存的最好利器。最简单的方式就是：给用户需要的好处，用用户感兴趣的东西让他留下来。召回时用什么打动用户？还是回到产品的核心价值。例如电商类产品,用户对产品的需求是便捷、实惠,因此召回时可以着重提满额折扣、溢价产品现货等;微博等类新闻类产品,用户对产品的需求是社交、资讯获取,召回时可以突出有朋友找你、有感兴趣的热搜新闻等。

邮件、短信、客户端、微信、客服电话等,都是可以应用的召回方式。其中又以微信、客户端的方式成本最低,效果最佳。

如果发现流失率过高,就不要再投入金钱扩大拉新范围了,不如运营好现有用户,根据用户反馈迅速迭代产品改进产品,再拉新增加用户。不基于产品价值,依赖诱导的拉新运营是没有价值的。在一定程度上,渠道和拉新方法已经决定了留存率。

三、投其所好的用户活跃

通过数据分析用户喜好,抓住其痛点增加黏性,可以用等级设置,激励体系等增加长期活跃性。

用户是运营的根本,用户运营核心是提升活跃用户规模。在开源(拉新)和节流(留存)之外,要重点做促活工作——让不活跃用户变活跃,让活跃用户更活跃,保障并提升用户的贡献。从一定意义上说,促活也是在做留存。就像人们常说的,维护一个老用户的成本远低于拉新一个新用户。

用户活跃的前提,是要站在用户的角度去思考,给出一个用户使用自身产品的理由,再设计方法促进用户从潜在用户转化为活跃用户。

通常会根据用户的生命周期来制订方案。

对刚注册的新用户,要趁用户对产品还处在摸索期,趁热打铁,多多介绍产品功能(相较注册前,现在用户的耐心比较好),通过产品功能引导,让用户感觉自己在使用过程中被关注、被重视。

对注册时间较长的老用户,则要分是一直沉默,还是活跃过热情下降。对一直沉默的用户,需要结合自己产品的特点,通过一些促活活动来引诱用户。例如米庄金融,会发个 188 元的理财小红包在卡卷里,激励用户购买理财产品;过一阵没动静,还会提醒。对活跃过热情下降的用户,就需要重点分析其活跃度下降的原因。可能是因为经常使用的某个功能升级或改版而导致,就要引导帮助其重新熟悉升级后的功能；还可能是因为用久了热情下降，就要根据用户特征，为其寻找其他好玩、好用的功能，并推送给用户。例如天天爱消除游戏，通常会按月迭代一个新版本，增加一些新的玩法，吸引用户一直玩下去。当然如果改版后用户沉默是普遍现象，就要反思调整产品功能，更新思路。

通常结合活动的促活，效果更好。如新款 iphone 手机上市了，就做个能免费拿苹果手机的活动。有时用一些持续性的促活方案也不失为有效的促活方式。如哈根达斯官方网站每季定期有新品试吃活动，只要登录网站提交申请即可参与抽奖。

在促活时，还有一点需要注意，在制定促活方案时，要考虑对活跃用户是否存在打扰的问题。一定要尽量减少对活跃用户运营层面的打扰。有的产品，设置成每次登录都提醒新功能，不打开看详情，下次登录继续提醒。这样反复被引导后，活跃用户只能关闭页面/客户端推送，或者干脆不用了。

第三节　搭建分层级的用户运营体系

当用户达到一定规模后，将逐步显示出层级。猫眼电影运营经理韩叙在《从业10年，我认为互联网运营就这3个要点》一文中，曾介绍过猫眼电影的五个等级："在金字塔尖的是明星，如电影演员、导演、编剧等，他们在猫眼出现的频度低，但用户关注度高，品牌提升价值大；第二层是专业影评人，能写出专业内容且业内有影响力，第三层是能产出优质内容但没有专业背景的用户，他们写的内容接地气，是普通用户喜欢看的；第四层是活跃用户，他们生成内容的能力不强，但热爱电影，对产品有忠诚度，会进行内容消费（包括回复、点赞等轻量级操作），是优质贡献用户最好的组成；第五层是普通用户，很少有内容消费和生成内容行为，根据二八原则，不用管他们。"

为了维持良好的运营，通常会对用户分层分级，对不同的用户进行分层运营挖掘，对不同用户提供不同的服务。列出每层用户的属性、作用和之间的关系后，则要建立用户激励体系。

在建立激励体系时，有两件事很重要：

第一，明确用户在产品中到底扮演一个什么样的角色？是内容的贡献者还是内容的消费者？用户的哪些行为是应该被鼓励的，是发一个高质量的帖子，是完成订单以后的好评，还是转发朋友圈？例如咪咕互娱打造的 O2O 运动健康产品——咪咕善跑，着眼点就在于"行为是不是能给用户带来价值"。

第二，明确可以给予用户怎样的激励。通俗说来，激励无非是利和名。利是得到物质好处，常用的方式是积分体系，像咪咕善跑的积分可以兑换话费、流量、运动周边等。名是功能鼓励，常用的方式是成长体系，像知乎大神，在得到一定地位认可后，可以作为社区的技术牛人享受社区特别的功能。因为成本等原因，会比较慎用物质激励，更多的用功能激励。可以理解为，普通用户只能做很低级、很基础的一些事情，高级用户可能会做一些更高端、更有意思的事情。

第四节　与核心用户保持密切联系

提起小米的成长史，一定会提到 2010 年，操作系统 MIUI 第一批 100 人的内测。这也是小米的第一批天使开发者。"社区＋开发者"的框架，在那时就已经建立。后来在 2013 年小米推出的年度微电影《100 个梦想的赞助商》，原型即出自于此。小米把这最初的 100 名用户称为"100 个梦想的赞助商"，是小米最珍贵的种子用户，在黎万强的《参与感》里，还提到"在 MIUI 的第一个正式版本里，把这 100 名用户的论坛 ID 写在了开机页面上。"

核心用户包括四种，一是最初使用产品的种子用户，二是贡献比较大的有价值用户，三是常对产品提出建设性意见的热心用户，四是有着明显人气或者话语权的老用户。应该与核心用户保持密切联系，并提供少数人独享的利益。

这部分用户会通过自身对产品的喜爱，然后通过用户传播给其他用户。在这个过程中不仅是拉新，同时还能起到让用户管理用户，让用户提高用户活跃度的作用。核心用户对产品的认可度、忠诚度都比较高，要鼓励他们传递给那些不活跃的用户。

维护核心用户的载体通常是 QQ 群、微信群，还有在公司论坛上，给予核心用户高级别的权限；也可以通过组织线下活动，做好核心用户的交流。小米的米粉聚会、华为的花粉聚会，都是很好的维护核心用户的方法。

要注意的是，和用户沟通时必须明白目的，不能仅仅陪用户聊天。

第五节 对网络原住民需要新型运营方式

如果称"80后"是"互联网移民"，那么"90后""95后"通常被称为"网络原住民"，他们从小就和互联网打交道，后来又和移动互联网一同成长，数字化成了一种基本的生存环境。这一代人，也渐渐成为互联网产品的主要用户。

网络原住民通常有以下几个特征：一是认为所接触的网络世界是真实的。这类用户认为网络可以解决他们的大部分物质生活需求，并且十分重视来自于网络的精神享受。二是崇尚个性，追求自我，热衷传播分享。对于追求与众不同的"90后"来说，一款稀缺产品可以彰显个性，会带来骄傲感和满足感。限量版、独家发售等词语经常出现在"90后"的消费场景中。三是对于认可的内容和品牌具有高黏性和高忠诚度，同时具有较高的付费意愿和付费能力。四是重视情感需求和体验需求。"90后"对商品的情感符号、体验互动要求更高，能寄托情感的商品更容易产生消费。五是在玩中消费。实体商品与网络进行跨界营销能够快速捕获"90后"的眼球产生购买欲望。"90后"讨厌教条式广告，但影视、游戏、动漫里的同款商品却很容易得到他们的关注和认可。

对于这一部分用户，需要抓住特点，在兴趣爱好、生活经历、消费场景等多维度，紧紧贴合网络原住民的消费观特点，做好运营。

咪咕数媒的漫画《楚楚动仁》就是一个以"网络原住民"为用户对象运营得特别好的案例，上线5个月就获得了上亿次的点击率，深受网络用户的追捧和喜爱。一是在内容创作和周边定制的过程中，让用户获得了足够的参与感，如举办同人轻小说征文活动，获奖作者的作品可以作为官方设定被采纳；在衍生品定制前，也会充分听取用户的意见和建议。二是在传播销售渠道，更多地出现在"90后"群体集中的网络渠道，如网络直播间对作品内容的植入，虚拟偶像对作品人物的演绎，电商平台进行周边商品的贩卖等。三是为种子用户打造了"限制范围"的概念，用限量会员卡专属福利、独家周边发售等概念，让 IP 本身和用户实现情感沟通，种子用户通过这种独有特权获得了与其他人差异化的体验。

第六节　把产品连接到用户场景流程里

　　用户运营的关键，是要设计创造把产品连接到用户交流互动的机会和场景。
　　在信息泛滥的当下，产品能传递给用户的信息是不多的。美国前纽约市市长约翰·林赛曾说过"在政治上，认知就是现实"，在生活、商业中也是一样的道理。用户运营应该聚焦于潜在用户的认知，将产品提炼出符合用户在某个场景的作用，将产品融入其使用流程里。
　　首先，要想好产品的目标用户以及他们的日常场景。
　　其次，在这些场景里加上产品的实用价值。以内部员工使用的 APP 为例，可以设计一个"员工连接上公司的 Wi-Fi 就能打卡考勤"的签到功能，在上下班时间的前 15 分钟会自动发信息提示，提醒员工别忘了连 Wi-Fi 签到。这就是一个有实用价值的无缝连接了。
　　再次，要将产品融入用户场景流程里。例如，现在每个人都习惯随身带着手机，哪怕到厕所也不例外。于是很多单位会在厕所里做个放手机的托板，带来新的问题是，忘了拿走。融入用户场景中的做法，是把这个放手机的托板设在门把手旁，出门总要用到把手，这样就不会忘了拿。这个手机托板就融入了用户场景流程中。
　　最后，要通过满足用户情感需求，触发用户分享情绪，让用户在使用场景中自动自发地分享产品。这就是情感包装下的用户关注点。找到用户的关注点，用能抒发用户情感的表现形式包装，尽可能多地把产品放到用户的日常场景中。在厦门罗约海滨温泉酒店，门口有一辆南瓜车，如图 4.2 所示。让人想起灰姑娘坐上南瓜变成的马车奔向远方，在金碧辉煌的宫殿里遇到了王子。对于女生来说，谁不想要一个能带去梦想之地，遇到白马王子的工具呢？于是不少女生都愿意拍了分享转发到社交媒体。

图 4.2　厦门罗约海滨温泉酒店门口的南瓜车

案例：狂砸 6 个亿做庆生

2009 年，手机阅读基地（咪咕阅读的前身）在浙江移动正式启动建设，2010 年 5 月，手机阅读业务正式在中国移动全网商用，2015 年 4 月 20 日，手机阅读基地转型为咪咕数字传媒有限公司。2016 年 4 月，咪咕阅读借助庆生六周年的契机回馈新老用户，是一个利用热点做用户运营的好案例。

一、社交媒体平台的话题传播

1. 在微博发起热点话题。以 #那些人教会我生活# 话题并发布系列海报，海报提取了众多小说里对读者影响最深的台词，一经发出，引发了千万网友的共鸣及热议。话题集中在 5 月 5 日周年庆当日形成热点，超过 3 次登上微博热门话题榜，为咪咕阅读品牌传播及周年庆活动成功造势，达到了良好的传播效果。截至 2016 年 5 月底，#那些人教会我生活# 话题阅读量超 8 000 万次。#咪咕阅读 6 周年# 话题阅读量共计 2 099.1 万。

2. 名家粉丝力量撬动阅读市场。咪咕阅读六周年庆系列活动之一为"名家派送红包"，借助知名作家的自媒体影响力及号召力，在微博、微信等公众平台派发咪咕阅读红包，每名用户点击可领取 10 元书券红包，在周年庆节点通过名家发放福利，引导用户下载咪咕阅读客户端免费阅读优质图书。活动期间邀请了张小娴、吴晓波、麦家、管平潮、辛夷坞、郭羽、刘波等诸多名家参与，总曝光覆盖人群超 1 000 万。

3. 打造朋友圈爆款微信软文。咪咕阅读六周年庆系列活动成功策划了多篇微信软文，针对性地围绕活动及咪咕阅读六周年庆打造爆款，并通过官方微信、各省移动公司等进行推广。

二、以物质回馈用户的拉新促活

1. "全民传书香，推荐有礼"活动以"邀请新人赠流量"作为吸引点，针对性地开展"以老带新"的活动。活动期间，老用户可将自己的邀请码推荐给新人好友，其好友下载并登录咪咕阅读客户端后输入该邀请码，双方均可获赠流量奖励。活动期内每成功邀请一位新用户，即在页面点亮一根蜡烛，累计邀请 6 位新用户，点满 6 根蜡烛的用户可获赠咪咕生日大礼包。活动推出后，成功引燃了用户的参与分享激情。活动期间共计带来客户端访问用户 515 万，其中累计邀请新用户 77.4 万。

2. "欢乐 66 机，好运 6 不停"为六周年庆系列活动中的抽奖活动。咪咕阅读客户端用户可参与抽奖游戏，免费赢取书券、话费、特价书等奖品。每人每天可免费玩 3 次。活动期间该环节共有 185 万客户端用户参与，合计产生 1 058 万次抽奖记录，有效提升了客户端用户的活跃度。

三、线上结合线下的联合传播

1. 在线上，咪咕阅读联合荔枝 FM、世纪佳缘、有缘网等平台开展联合推广,并投放了应用宝、百度手机助手等APP市场的开机页广告;同时,在网易新闻、新浪微博的PC端和移动端投放了信息流广告。

2.在线下,于2016年4—6月,集中投放了北京、上海、杭州、深圳四地的"我们送你400年"主题公交车身品牌广告,形成了一致性的线上线下传播阵营。

第五章
内容运营

第一节　为什么好的内容这么重要

传统商业逻辑中，企业更注重的是拓展渠道，渠道为王。互联网时代商业模式发生了根本性的转变。引用海尔集团董事长张瑞敏先生的说法，企业只有两种人：员工和用户（张瑞敏先生特别强调股东是最终的结果）。用户将成为体验主导者，把握用户的需求就能做好互联网时代的服务。

互联网也改变了传播的方式。培根说："知识的力量不仅取决于其本身价值的大小，更取决于它是否被传播，以及传播的深度和广度。"产品的价值，也取决于是否被传播，以及如何传播。一个内容能不能传播，一个产品能不能被接受，本质上越来越取决于用户是否看到、是否认同、是否愿意再传播，而不再是核心渠道是否能够推荐。内容本身的价值、打动力，与内容的传播，用户消费几率等，已经越来越合一。在内容面前，用户的话语权渐渐大于渠道。

以近年来大热的 TFBOYS 组合（北京时代峰峻文化艺术发展有限公司推出的少年偶像组合，由王俊凯、王源和易烊千玺 3 名成员组成）为例，TFBOYS 的经纪人曾说过："我们的理念就是养成模式。"所谓"养成"，就是让观众看着明星长大，观众自身情感投入，使这个明星团体变成了观众自己情感的投射。除了真人，虚拟明星也成为内容承载体。而虚拟明星其基本出发点，则是观众参与 IP 创作，实现明星养成。由于其品牌和用户熟悉度，可以极大节省推广费用，被渠道认可。一定程度上，是观众决定了虚拟明星的出生之日，辉煌之时。

第五章
内容运营

今天看到内容的入口，已经不仅仅是百度这样的搜索引擎、人民日报这样的权威媒体，而逐渐变成了朋友圈、知乎、值乎，决定内容能不能被更多人消费的，不再取决于分发渠道，而是内容是否能够得到更多人的转发和推荐。当用户能主动自发地提到产品，如大家针对小米的"三三"参与感模式展开热烈讨论，主动传播，就是成功。

核心内容包括了产品功能。例如一款打车软件，要传播的产品价值首先是要有足够多的司机、方便的支付方式、便捷的出行工具，而不是漂亮的APP界面、煽情动人的途中故事。

当内容不仅仅是单一的资讯或产品的信息，而是承载思想、知识，是一种价值主张，能得到用户感情投入时，更有可能得到目标用户的认可，让用户愿意转发和推荐。日积月累，就能为产品、为公司构建用户信任感，并转化到最终的消费上。

用户"用脚投票"，让优质内容得到传播。企业通过持续的优质内容输出来建立强大的影响力，增加与用户的关系，最终获得商业价值。

第二节　普及产品价值观比流量更重要

内容如此重要，那到底要发什么样的内容？内容能带来什么？

现在做内容的运营人员，指标通常是流量、阅读数、转发数、新增用户量等。如果从"KPI"来看，从百度买流量或是模仿别人最新的内容形式吸引流量，是最快可以把阅读量拉上去的方法。但这并不是做内容运营的本意。先不说流量成本已经很高，烧钱做KPI也已经做不起了，更重要的是，这种方式带来的流量，与产品本身无益。做内容不在于短期数据指标的拉升，而是要认真想想自己做的内容长期而言在传达什么，对于用户有何价值。

内容的背后，其实包括了产品的思想与价值主张。例如，咪咕互动娱乐有限公司在2016年8月1日与中国田径协会正式签署合作协议，使其旗下"咪咕善跑"品牌成为2016—2019年中国马拉松队官方合作伙伴，咪咕善跑APP成为中国马拉松队官方指定使用的运动APP。与中国马拉松队的合作，大大促进了"咪咕善跑"团队的运动科学水平,在运动模块、社区板块,通过运动教程、教学文章,都在引导着用户健康、科学、高效地进行跑步。同时,打造"跑者故事"专栏,邀请通过知名跑步者讲述自己的心得体验、成长历程,从而引发读者共鸣,通过正能量的引导,让其他用户也能塑造积极向上、充满阳光、懂得努力和坚持的性格品质。内容本身所具备的力量,来源于持续的内容输出使用户构建起来的认同感。所谓认同,就是信任感、亲近感、归属感。用户认同了,才能喜欢上产品,成为产品的忠实用户。

小米在做路由器公测时,曾经让用户自己组装路由器。这种做法和小米提倡的极客精神、为发烧友而生的定位极为相符,确实极大地引起了用户的参与感、成就感,在微博、微信中广泛传播。企业尽力持续提供优质内容,让用户产生内容。当然为了保证用户的参与热情,要提供足够便利的工具,实现内容互动传播。所谓内容互动传播,即用户的某种互动能够触发内容展示的传播方式。根据微博、微信、论坛、QQ空间、知乎、贴吧等不同媒体属性,采用不同的运营方式。

当然,这里说的内容,不仅仅指图文,也指为用户提供功能性的产品。以"福建移动智能生活馆"这一微信公众号为例,作为一个在福建区域市场提供智能终端专业服务的服务号,每月4次的图文发送,在资讯热点、热点追赶上都不具有优势,就从产品对用户的价值出发,提供电子保卡、售后O2O等相应的功能。

把内容当作是一种"与用户交朋友"的手段,每做一篇内容都设想一下,假如现在面对最要好的朋友,你是否愿意把这篇内容推荐给他?以及会怎样推荐?就像黎万强在《参与感》中说,新媒体的运营者首先应该是个产品玩家。其实这个逻辑很简单,如果一个产品,自己都不能相信它、喜欢它,又如何能把它介绍给别人并让别人喜欢上它?带着这种更接近于产品价值属性做的内容,是能够做到让用户需要的。

第三节 将内容融入产品场景中

内容传播最便捷的方法是从产品价值出发,将用户需求场景化,将内容融入使用流程中,借助产品为用户提供内容。即列出用户使用产品的场景,对应

第五章 内容运营

场景列出需求，根据需求策划内容。

以"携程旅游"为例，作为一个旅行出游的APP，用户有哪些场景会使用到？如到达目的地时，可以根据儿童需求选择高铁、飞机、拼车等出行方式；到达目的地后，是否需要外用接机、当地旅游路线、门票等。所以在携程的客户端上，有相关的功能应用。又如"美柚"，以经期管理为切入点，为女性提供备孕、怀孕、育儿、社区交流等功能服务。针对备孕、怀孕和0~N岁等阶段，为每个阶段的用户提供个性化的内容运营。

一款产品，从打开产品页面开始，就可以承载内容。如清华大学的"学堂在线"，在打开应用时，页面除了签到，还能看到"学堂日签"，如图5.1所示。每日一换名家名句，用户被句子所打动后，就会分享到朋友圈。而分享到朋友圈里的图，带着产品的二维码，产品由此得到推广。

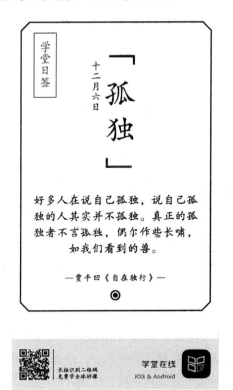

图5.1　打开"学堂在线"产品，签到后看到的"学堂日签"

在用户使用完关掉产品之际，也可以传播内容。例如淘宝网、京东商城在用户购物完毕后，总会再推荐几个相关产品，寻求购买转化。电商外的产品，也可以利用起来，在结束页面推荐符合当时需求的内容。在不损害用户需求的基础上，收回这部分流量，增加用户的步长。又如饿了么、美团外卖等APP，完成下单之后，就是等待送餐的阶段。很多用户会不时进入订单页面，查看送餐进度。在这个等待的过程中，除了给用户推送订单进度（如商家已接单、骑手已取单等），还可以推送相关内容（如可以领红包的小游戏），转化用户浏览。同时也起到了缓解用户等餐情绪的作用。

APP的权限提示弹窗，是重要的内容载体。下载安装完APP后，第一次打开时，会跳出弹窗，提示是否可以授权产品相应权限，如读取本地应用、地理位置、打开摄像头、短信、电话、通讯录等。这时就可以结合希望授权权限的场景，来做内容运营。例如，支付工具需要调用摄像头，就可以在弹窗介绍"如果有人**次输错密码，启动摄像头自动拍下嫌疑人的照片，需要调用摄像头权限。"既避免了用户第一次打开产品就拒绝授权权限，又提升了用户感知，传播了产品价值。

当然，如果技术能够支持，加上大数据分析，把用户按照不同纬度分类，有针对性地为不同人群提供个性化的内容，做到千人千面，就更理想了。

第四节　结合热点做运营

为了体现内容提供的延续性，通常会以固定栏目来传播产品价值，但很大一方面还要追热点事件，结合自身产品，策划融入当前热门内容中，可以节省营销成本，提升传播力。

公众号"三节课"的创始人黄有璨曾举过一个例子，说他一个朋友做"扫二维码送玩具"的拉新活动，结果效果不好，结合《疯狂动物城》电影，改为扫二维码送"疯狂动物城"小动物玩偶，活动就很火爆。

每一次的热点运营，不一定会带来收入，但可以借此做好品牌建设，提升产品知名度。

第五章
内容运营

热点运营，需要运营人员对热点有敏感度，快速做出反应，要找到与自家产品能结合的表现形式，形成方案，推动市场、设计、技术等相关同事完成制作，并上线推广。业界通常认为一个热点的有效期仅为24小时，时效性非常重要。这就要求要有热点运营的机制，以在热点出现时，能加快热点事件响应速度、抓准运营引爆点，提高用户使用感知。

像咪咕数字传媒公司，专门发布了"突发热点运营管理办法"，建立突发热点运营管理虚拟团队，由业务运营部牵头，加上市场经营部、各个事业部、UED人员投入，协助策划、流程对接、资源提供、矩阵联动，达到突发热点运营效果最大化目的。

2016年11月24日，咪咕数字传媒公司上线感恩节专题，如图5.2所示。以"感恩节大声说出对父母的爱"为主题，内容形式为"好书推荐+评论赢书券"，配合客户端推送进行推广。该专题上线当日点击量达63 703次，当日访问用户数56 435人，当日收获用户页面评论5 700余条。

图5.2　咪咕数字传媒公司上线感恩节专题的活动

追热点，要和产品的用户群相符。注重产品性质和表现形式，一定要找到与产品有结合点的表现形式。例如，华为以 600 万欧元年薪聘请里奥·梅西——五届全球奖得主出任华为手机全球代言人。为了庆祝梅西第八次捧起西甲冠军奖杯，2016 年 5 月华为推出了定制手机——Mate 8 梅西签名定制版，与普通版不同的是，签名版的包装腰封、手机机身背部和保护套上均有梅西的签名，并且每部手机上都会有全球唯一编码，售价 4 399 元。全球仅 5 000 台的 Mate 8 梅西签名定制版很快被抢购一空。华为 Mate 8 的潜在用户包括足球爱好者，买手机时就会考虑支持自己喜爱的球星，这就可以利用梅西自身的魅力去招揽用户；同时还寓意伟大的品牌和伟大的球员合作。但是如果是卖化妆品，那和梅西第八次捧奖杯就关系不大了。

最后，要注意涉及道德问题的热点事件，就不值得跟踪。

第五节　做出让用户愿意分享的内容

写过《失控》《必然》等著作的凯文·凯利，2016 年在一次谈"未来发展的七大趋势"演讲中提到，他认为第六个趋势是注意力会变得更重要。人们接收信息会有三个阶段，首先是信息匮乏，然后是信息富裕，最后是信息超载。人们现在正处于信息富裕向信息超载的过渡时期。在信息只会变得越来越多的未来，注意力就成了稀缺资源。

每一次的内容，如何争夺用户有限的注意力？通过用户来影响用户是最高明的做法。网络营销有一个 250 定律，说的是每个用户背后都有大约 250 个亲朋好友。所以赢得一位用户的好感，就意味着赢得了 250 个人的好感。一次成功的营销，不仅追求创意、方案、阅读数，还要能要能让更多人去转发和分享。

找到用户，给出一个分享的理由。不是做一个策划让用户去分享，而是做出的策划满足了用户分享的目的。

哪些内容容易引起用户分享呢？

最简单的答案是分享能得到好处的。例如，神州专车、滴滴出行、大众点评常用的方式，使用完产品转发朋友圈，给朋友发优惠券；微博上常见的，转

第五章
内容运营

发某条微博（通常是近期力推的活动，或是新品发布）抽出某奖项。

对过去美好的追求也容易获得共鸣。小米电视曾发起过"找寻遗失的美好 10 台小米电视免费赢"活动，征集"那些年，我们追过的电视剧；那些年，我们哼唱的主题曲；那些年……"。参与小米电视时光机活动，表达一种对那人、那景、那言的追忆。

对用户有用的信息，也容易被分享。

还有一种情形是因错而分享。《增长黑客》的作者范冰在做"网盘空间免费领取"的活动时，故意留下软件代码破绽，引来了众多热衷于破解代码、黑服务器、分享破解秘籍的技术高人，百度上就出现了 100 多万条关于他们网盘的记录。

以上只是列举了若干让能促进用户分享的内容策划方法，很多时候，同一个策划，会考虑多种用户分享的目的，需要在实践中不断摸索。要促进用户分享，还要配上相应的载体和工具，让用户更容易接受，更容易参与，更容易分享。例如，小米曾经在社区发起过"我的手机编年史"活动，如图 5.3 所示。把用过的手机品牌、型号输入活动页面，就能测出自己所用手机的年份、花了多少钱、有哪些人和你品味相当等，吸引了 1 220 347 人参加。

图 5.3 小米在社区发起的"我的手机编年史"活动

最后，分享前腾讯校园推广总监李建伟的实践之谈："让用户分享你的东西，不是只有好创意就行的。有时候创意挺好，但是传播量不大，问题可能和文案有关。"

案例：如何在 1 天内做到 1 500 万 APP 曝光 20 万下载？

"咪咕阅读"是一个电子书城，汇聚了 50 万册正版版权的电子书。结合产品的特点，以产品提供的内容（即优质好书）来带动 APP 的推广，是比较实用和高效的方式。"三分钟带你看完《花千骨》"的策划，用一个有趣的小视频在三分钟的时间内对《花千骨》一书的情节做了概述，并提示"看原著小说到'咪咕阅读'"。6 月 24 日一天内新浪微博阅读量 1 330 万，列当天新浪微博热门话题第 3 名，登上微博首页右侧话题栏；微信图文消息阅读量超 200 万。共计曝光次数超 1 500 万；两天内带来了 20 万的 APP 下载量，同时登上了苹果商店热搜榜第 3 名。这次活动完全由策划团队策划。

一、内容策划：跟热点、有创新

营销活动最好能紧跟时下的热点。2016 年夏季适逢影视剧《花千骨》播出，缠绵悱恻的故事情节和主演的颜值演技吸引了众多用户，是非常好的热点。但活动策划不能仅仅跟热点，否则会被淹没在与热点相关的无数讨论中，没有任何品牌辨识度。一定要在热点的基础上进行加工，提炼自己的卖点，任何传播渠道都需要优质的内容做基础，做到有趣、好玩，才能引起用户的传播。

二、传播渠道：积人缘、多交友

在这方面主要靠平时人缘的积累。多结交圈内的朋友，平时可以做一些资源的互换，在自己有资源的方面互相帮助。

三、品牌植入：强植入、有自信

在 APP 的推广过程中，市场人员一般比较担心植入品牌会让网友感觉营销意图比较强而影响传播，所以在植入品牌时畏首畏尾。启动营销时团队也有这个顾虑，但经验证明，只要能提供对用户有价值的信息和产品，用户不会排斥品牌植入。用户并不排斥广告，排斥的是没有格调和内涵的广告。团队最初的创意是"三分钟带你看完《花千骨》"，但实际上只用了两分钟文案和视频就放完了，策划团队讨论后，最后一分钟干脆在屏幕上打上"居然两分钟就讲完了！我们决定任性地放音乐！在听音乐的过程中：您可以直接点右上角关闭，也可以扫扫二维码下载。"这个小细节也提升了下载量。

四、动手执行：能落地、有信心

从策划创意出来到做成成品，策划团队只花了三天时间，团队成员齐心协力，克服了零美术基础、零经验的困难，完成了视频文案、配音，最终落地。如果交给专业的美术和视频制作人员制作，固然效果可能好些，但是等排期、领会意图，在时间和效果上会打折扣，可能热点就过去了。在落地的过程中，需要把创意变成成品，有动手能力。

五、深入理解：重产品、强关联

做APP推广的营销策划，一定要深入理解自己的产品和特征，仔细分析自己的目标用户在哪里。不如直接回归产品的本质，直接介绍产品内容，带动用户使用APP。实践也证明这样的效果较好。通过内容带动产品的过程中，也要做好用户的区隔。很难有产品通吃所有用户，例如这次《花千骨》的推广，就以影视剧爱好者为主要对象。各家APP的内容都不一样，但归根结底都与老百姓的衣食住行息息相关，选取用户最需要的内容推荐，回归产品本质，可能是除了在互联网上寻找流量外，最重要的工作。

第六章
渠道运营

第一节 渠道拓展了运营边界

渠道是运营的关键。懂得了渠道,就踏上了中级运营的成长之路。只要是能为自己产品带来流量,并转化为消费,就是渠道运营的方向。在一定程度上,渠道运营无限拓宽了产品的运营边界。

以小米做渠道为例子,2013 年 7 月 31 日,小米公司发布首款双卡双待 TD 机型红米手机,并在腾讯 QQ 空间进行独家首发。根据小米官方数据,在 QQ 空间小米官方页面(http://xiaomi.qzone.com/),预约页面开放的第一秒钟即有 5 万用户领取预约码,1 分钟即达 30 万,10 分钟后该数据上升到 60 万,半小时内预约用户数突破 100 万。

除了实体产品,虚拟产品也需要做渠道运营。咪咕数字传媒公司以中国国际广播电台的《环球阅读》节目为核心,以"咪咕听书"(咪咕数字传媒有限公司开发的一款有声阅读手机软件)为载体,搭建了一个集策划编辑、录音制作、全媒体传播、线下活动为一体的融合平台。"咪咕听书"在环球资讯晚间档黄金时段开辟专门时段,开设《环球阅读》大型阅读广播栏目。该节目作为日播节目(周一至周五),每期 23 分钟。每月 20 期节目左右,一年合计 240 期以上,长期在首页推广。《环球阅读》则每期两次在广播节目中对咪咕听书品牌进行口播推广。咪咕数字传媒公司与国家级广播电台的战略合作,以媒体融合的形式,联络了咪咕听书新媒体分发渠道和广播电台传统渠道,实现了在

第六章
渠道运营

有声阅读平台建设上的资源共享、平台共建、人员互动、价值共赢和品牌拓展。

这就是渠道运营。最简单的渠道运营，可能就是互换链接，双方分别在自己的平台上放置对方产品的名称，并通过设置对方产品的超级链接或者二维码，使得用户可以从合作平台中发现自己的产品，达到互相推广的目的。常见的渠道运营例子，还包括打开"今日头条"APP，能看到"京东特卖"频道；打开新浪微博，能看到品牌新机发布会的信息；易到专车与乐视合作，在某个时间段，乐视商城前1万名支付用户，将获得1 099元易到生态专车券；和书籍机构合作，"咪咕善跑"（咪咕互动娱乐有限公司的O2O运动健康APP）与"跑步圣经"等知名跑步专业机构联合打造专栏，通过双方的平台收录跑步故事、跑者心情体会、跑步常识等内容，这种合作形式带动了双方用户量的增长，提高了用户的黏性和点击量。

人人都是产品经理，每年都有成千上万的互联网产品被制造出来。但在产品飞速增长的同时，用户使用的应用是相对固定的。运营需要用尽方法，让大众知道产品，接受产品，消费产品。要建立、维护各种渠道，将更多的运营手段外延出产品，而不仅仅只在自己的产品上自娱自乐。

第二节　渠道合作方的选择

互联网这样一个无所不在的网，已经深入人们的生活。每一个场景后都是一个个用户。如何让产品、内容呈现在用户面前？渠道很重要。渠道很多，性价比也不一样，如何选择？没有统一的标准，根据产品能提供的价值，在潜在用户聚合的地方，就是应该展示的渠道。

选择渠道前，首先要了解这个渠道。包括两个方面：一是渠道本身运营的相关数据，例如网站的点击量、访问量、日活等，看看跟自己拓展目标量级是否大致相符；二是渠道的用户（特别是渠道活跃用户）与产品的匹配度，即这个渠道用户里，有没有产品的目标客户。例如一款基于女性健康的产品，放在"大姨吗"或者"美柚"上就比较有针对性，放在"去哪儿"上效果就不好。

面向TO B行业和TO C用户，不同产品的渠道策略也是不同的。例如"咪咕善跑"APP，其出品方咪咕互动娱乐有限公司作为中国移动旗下的专业子公司，以中国移动各省公司的工会作为渠道，通过B端渠道组织内部员工使用测试。在使用超过40万员工进行集体在线活动测试以后，充分完善产品，进而再通过省公司客户经理和社会合作伙伴，共同拓展各省移动的当地集团客户市场。

找到渠道后，就是谈价钱了。通常预算的测算依据是用户获取成本（Customer Acquisition Cost，CAC），与自身产品的每用户平均收入（Average Revenue PerUser，ARPU）、用户生命周期价值（Life Time Value，LTV）、留存率、付费率等数据结合，大致可以预估发展一个有效注册用户的成本，据此评估出预算是在什么量级，制订出目标是多少注册用户，其有多少可能转化为付费用户。

要实现预算的最大化，唯有不断优化用户获取成本，这就需要渠道运营精细化，将有效的开销获取最好的效果。好渠道还要正确地运用，在哪个渠道上，用什么样的合作模式，呈现产品的哪一部分，效果会更好。最后要考虑的，就是找到适合自己产品的渠道，并做好维护工作。

在渠道选择上，不是做单选项，也不是做多选项；不是找到一个渠道，或者找到几个渠道，简单叠加在一起；而应该是跨界多元化的。例如《拇指熊卜达》（一部关注儿童心灵成长的系列动画片），咪咕数字传媒公司在做内容分发时，在电子出版、纸质出版、音频出版、视频出版、衍生出版方面"五位一体"同步进行内容首发。通过上线拇指熊有声书，与国内外电视、媒体、互联网平台同步造势，结合大电影、电子书、视频，以及各类衍生产品，如实体书、玩具、服装等进行合作销售。通过跨界衍生、深度合作，互相拓宽了产品分发渠道、宣传覆盖面，形成了共赢。

简而言之，选渠道就是回答"为什么运营这个渠道、运营这个渠道有什么好处、怎么运营这个渠道"的过程。

第三节 从注册开始最简单的渠道合作

最常用的渠道合作，可以从注册入口开始。经过多年发展，互联网产品的

第六章
渠道运营

注册已有很成熟的模式。除了产品自身的注册入口外,通常还会和其他产品用户做授权注册,以增加用户规模,并降低用户获取门槛。

授权注册,就是其他产品的用户,通过简单授权也被认为是自己产品的已注册用户,可以使用自己的产品,以降低注册门槛,吸引用户更快使用产品。例如目前常见的第三方应用登录页面,提示可用微信、QQ、新浪微博等账号直接登录,就是一种绑定授权的方式。

在授权注册登录,让用户体验到产品后,还需要通过各种手段引导用户提供资料、注册转化,才算真正成为自己的用户。在引导用户注册的过程中,要注意把产品的核心价值、能为用户解决什么需要,运用第五章"内容运营"的若干技巧,简单扼要地告诉用户。在这个过程中,不可能做到100%的转化,有可能出现三种情况:一是用户在简单使用后,放弃了不再注册;二是用户不做本产品的注册,就打算用第三方账号简单使用;三是在引导用户注册过程中,用户放弃了。但不管如何,这是让用户注册、了解产品的一个好机会。

此外,同一个公司的系列产品,也建议用一个用户名和密码,例如百度公司旗下的百度脑图、百度文库等系列产品,可以用同一个账号登录,这样有利于降低用户获取门槛,提高自家产品使用率。

第四节 先从自有渠道运营开始

自有渠道包括微博、微信公众号(服务号、订阅号、企业号)、官方博客、官方社区、网站、APP的站内信、弹窗、印制的各类宣传资料,甚至包括实物产品本身等。

一、微博

微博(Weibo),即微型博客(MicroBlog)的简称,可以算是博客的一种,是一种通过关注机制分享简短实时信息的广播式社交网络平台。最早也是最著名的微博是美国的twitter。微博作为一种分享和交流平台,其更注重时效性。

相较微信，微博的媒体基因更强一些。微博包括新浪微博、腾讯微博、网易微博、搜狐微博等，但如果没有特别说明，通常指的是新浪微博。微博曾有140个字的长度限制，2015年起，取消了这个发布限制，少于2 000字都可以发。虽然自微信风靡之后，唱衰微博的声音就不绝于耳。但是从用户体验的角度来看，微博仍旧是传播速度最快、传播效果最明显的社交媒体平台，如华为董事长任正非独自排队等出租车就首先爆发在微博上。

对于微博来说，真的有用户在互动很重要，可以看看自己所在行业在新浪热搜榜的内容。找到自己产品与平台的契合点，以强专业性的优质内容打造行业影响力。例如小米生态链企业华米科技，出品了华米时尚智能手环，在微博推运动时借助手环运营数据接入的方式，带来了增长迅速的用户数量。

微博的媒体属性，使其能很好地承担起信息传播的作用。微博可以做矩阵，即一个企业，开设多个不同功能定位的微博，与不同目标用户沟通。

二、微信公众平台

微信公众平台有三种，分别是服务号、订阅号、企业号。按腾讯的官方定义，服务号指："给企业和组织提供更强大的业务服务与用户管理能力，帮助企业快速实现全新的公众号服务平台。"订阅号指："为媒体和个人提供一种新的信息传播方式，构建与读者之间更好的沟通与管理模式。"企业号指："为企业或组织提供移动应用入口，帮助企业建立与员工、上下游供应链及企业应用间的链接。"通常会把服务号当服务来做，订阅号当传播来做，企业号会更侧重内部员工的交流。2017年，腾讯又推出"微信小程序"，是一种不需要下载安装即可使用的应用。用户扫一扫或者搜一下即可打开应用，也体现了"用完即走"的理念，用户不用关心是否安装太多应用的问题。应用将无处不在，随时可用，但又无须安装卸载。

微信官方一直强调微信不是一个用来群发消息的营销账号，且从来都不是营销号，微信应该是一个以沟通为基础形成互动关系，基于互动关系来提供精准的服务，而不是营销。微信的本质是一个沟通工具，从工具属性来说，微信用来做客服似乎更符合。除了自媒体和营销之外，也有一些利用微信的工具属性来做客服平台并取得较好效果的。招商银行是一个典型的例子。招商银行的微信平台是一个闭环的呼叫中心系统，简单的问题就由微信机器人做自动应答，对于一些稍微复杂的问题，引导客户到招商银行的手机应用掌上生活或者手机银行办理，再复杂一点的问题，如需要协商还款、需要查询一些疑问交易、需要转人工，都可以通过微信直接连到网络人工系统，由人工提供服务。

同样的，用户关注数是微信公众号的一个指标，能被多少人看到，能有多少愿意传播更重要。因此，一条微信内容发送出来时，公司在渠道方面更应该做些针对朋友圈的工作，也就是尽最大可能增加它出现在目标用户朋友圈里的可能性。要注意不能把微信公众号定义为一个发公司软文的平台，否则用户流失现象会很严重。

三、官方论坛

官方论坛也是一个重要渠道，学习的榜样是小米论坛（http://bbs.xiaomi.cn/），小米官方的介绍是"米粉的大本营，在这里交流手机使用技巧心得，了解小米最新动态，参与活动互动，为米粉打造一个良好的互动交流平台。"现在出货量排到全国前五的小米手机，最先投入市场是米柚（MIUI）操作系统，而在米柚（MIUI）操作系统正式推出前，米柚（MIUI）论坛先面世。2010年8月3日，MIUI论坛正式上线；2010年8月14日，MIUI论坛公布了首批内测用户；2010年8月16日，MIUI首个内测版推出；2011年3月25日，MIUI V3版正式发布，适配6个机型；2011年8月16日，MIUI一周年，小米手机1发布。

论坛可以作为原始用户的聚集地、产品问题的收集地、各种活动的发布地，还是一个极好沉淀用户原创内容（User Generated Content，UGC）的地方。如果产品是一个APP，论坛还可以被搜索引擎抓取，增加流量。做好社区不容易，但做成了效果会很好。

四、社群

除了论坛，社群也是用户运营必不可少的形式。微信群和QQ群是社群最直观的表现，可以作为核心用户交流群，还有利于自有媒体其他平台内容的散播，如可以在社群里直接号召用户转发产品相关内容。在社群操作中，不能任由用户随意动作。通常的操作方式是，找关键意见领袖（Key Opinion Leader，KOL）进行植入营销；找作者创造原创文案、视频、图片等引发分享。社群运营中，要注意审核和推荐的动作，剔除不适当的内容，推荐符合产品价值的内容。关键在于产品价值观的普及，引导用户群自发维护适当的内容氛围。公司还可以考虑组建群矩阵，提供一些资源，引导用户自发建群，像现在各地都有的"读书会""早起团"等，基本是用户自建的交流群。

自身网站与 APP 广告位也是自有渠道，如果再完美一些，自有员工的自媒体账号也可以考虑在其中。

自有渠道，也能达到很好的推广作用，要逐步建立，合理利用。

第五节　常见的渠道类型

一、媒体

从运营者角度看，媒体有官方媒体和自媒体。官方媒体指通常是指属于官方，由政府支持或控制的媒体，如《人民日报》《光明日报》《经济日报》《福建日报》《半月谈》《新华文摘》等。官方媒体能帮企业背书，帮助企业建立良好的形象，保持在市场上合理的声音。权威媒体的传播，也将带动其他媒体的转发。在传统媒体转型中，出现了官方自媒体，指有传统媒体官方背书的自媒体。自媒体的采编人员，以传统媒体为平台，得到传统媒体资源支持。通常采编人员就是媒体的员工。这种方法，有助于媒体机构实现充分的扁平化，即保持传统媒体的专业性与权威性，又有新媒体的灵活性、社交性。

大众及垂直领域的专业人士、作家、律师、学者等，组成了自媒体。和自媒体的合作形式主要还是发软文、做广告。有些专注某个垂直领域的专业度强的产品，用这个领域的达人推广，效果会更好。

在载体上，腾讯微信公众号和新浪微博是最常见的两种。"今日头条""一点资讯"等是最近比较常见的。这类个性化资讯平台通过点击率、用户停留时间、转发数、收藏数和点赞情况等算法来判断用户的喜欢程度,以此为依据推荐给感兴趣的用户。以"今日头条"为例,通过包括健康度、原创度、活跃度、垂直度、互动度等 5 个维度的"头条号指数",来给用户推荐内容。这一指数是机器通过对作者创作的内容和读者阅读行为的记录和分析得出的账号价值评分,一般来讲,头条号指数越高,相应的内容推荐量也就越高。其他平台还有搜狐、网易、凤凰、虎嗅、36Kr、百度百家、UC 订阅号等。随着视频的兴起,优酷、土豆、爱奇艺、新浪视频等也成为很好的载体。

二、社群

社群简单认为就是一个群。当然不仅仅只是建一个群,而是基于需求和爱好聚合在一起的群。当把这些分散、有同样属性的同一产品用户聚集起来的时候,很容易相互影响、感染。在互联网世界里的真正价值,是传播、推销自己的想法,与特定目标群互联互通,获得接受并认可。

社群其实是自身推广的核心战场。各种手机厂商用得得心应手,像苹果、三星、小米等手机,在新品发布前后,都会有各类曝光、内幕、预热,不乏官方的推广。汽车、美妆、母婴等行业,用社群来营销也是普遍现象。在操作方法上,社群的好处是标签非常清晰,容易找到目标用户,但社群成员基于对本社群的强烈认同,普遍对广告非常抵触。在做传播时,要注意和群主形成良好沟通,并且要提供有价值的内容,而不是一味地发广告。例如,在手机社群里提供手机使用技巧,回答疑难问题,慢慢就会拥有一定的发言权与影响力,从而获得认同,有助于营销。

常见的载体包括豆瓣小组、百度贴吧、QQ 群、微信社群,甚至陌陌、QQ 空间、人人网、豆瓣、知乎、天涯。在垂直领域,类似蘑菇街、美丽说、携程旅游、汽车之家、安居客等,也是不错的地方。

三、联盟广告

联盟广告,指众多小网站联合起来形成一个统一的广告发布平台,广告主投放的广告在所有联盟网站均能展现的一种广告形式。企业按网络广告的实际效果（如销售额、引导数等）向网站主支付合理的广告费用。

直白地说，就是企业发放任务广告，经联盟广告平台，分发人联盟会员，联盟会员将广告发布在自己的网站、微博、博客等载体上。根据不同的合作模式，用户在联盟会员载体的链接中看到，或达成交易后，联盟会员就得到一定的收入。

广告联盟优劣不一，较大的联盟有百度网盟、搜狗网盟、360网盟、谷歌网盟等。

四、应用商城

对于有APP的产品，就涉及应用商城。360、百度、小米、华为、应用宝、VIVO、OPPO、金立、联想、三星等都有自己的应用商城。

在投放应用商城时，有两种形式，可以根据自己的需要选择。

一种是做应用商店搜索优化（App Store Optimization，ASO），提升APP在各类应用市场排行榜和搜索结果排名的过程，类似搜索引擎优化（Search Engine Optimization，SEO）优化。ASO利用App Store的搜索规则和排名规则让APP更容易被用户搜索或看到。

另一种是做广告，以时间来计费（Cost Per Time，CPT），小米应用商店、360、应用宝、华为、百度助手等都开放了此模式。不过对于创业型、刚刚起步的APP，这种方式性价比不高，因为流量越来越集中在几个大的应用市场，要价越来越高。通常有按行为付费（Cost Per Action，CPA）、按下载收费（cost per download，CPD）模式。应用汇、机锋、安智等应用商场开放了CPA合作，小米、华为、OPPO等应用商城有这种合作模式。

第六节　充分利用渠道红利期

运营推广要注意红利期。新渠道出现的初期，流量充足，广告主竞争小，能先用起来，自然是成本低、效果好。当这个渠道逐渐成熟后，用的人多了，就只能高价买流量了。平台本身的绩效考核也会更高,并建立越来越多的规则。以微信公众平台为例,腾讯陆续出现了很多运营规则限制,如禁止公众号间互相引导关注,一切带有诱导因素的活动工具都被严令禁止;随着微信公众号数量激增,大部分用户已关注了超过 10 个微信公众号。要想让用户关注,需要付出越来越高的成本。这时候只有内容(哪怕是原创性很强的内容),也很难从零开始做大公众号了。

还有一种情况则是政策红利期。因为行业法规、政策变化,有可能调整推广渠道的运营资质审核条件。如《信息网络传播视听节目许可证》《网络文化经营许可证》《广播电视节目制作经营许可证》的三证要求,让很多主流渠道在推广直播平台时有了很多限制。类似的还有互联网彩票、互联网金融,再到最近的互联网约车。

还要关注渠道自身的产品策略,因为要推广的产品与渠道自有产品有可能形成竞品关系,而影响推广效果,甚至被限制推广。例如新浪微博全力推"一直播""秒拍"的产品后,其他直播、短视频的产品在微博上就不好推广了。类似的还有腾讯,对于社交、即时通信产品是不推广的(除百腾讯有投资入股)。

每个渠道都有一定的红利期,所以要多不断地尝试新的渠道。对于这个渠道是否与自家产品合适,可以快速试错,效果不行,快速撤出;好的渠道,加大投放。

案例:全 IP 五个同步运营模型

作为一家以阅读为主要运营业务的公司,咪咕数字传媒公司通过合作版权推广、自有作者作品签约、全版权运营等方式,顺应市场趋势,突破以往单一合作版权的业务模式,布局以自有版权为基础,多元化拓展图书 IP 版权商业价值为核心业务的咪咕文学,实现合作版权和自有版权同步运营,尝试数字阅读运营商向 IP 运营商转型。

如何做好版权运营?通过不断摸索,咪咕数字传媒公司总结出以"内容发行、广告发布、渠道推广、粉丝运营、衍生协同"为主体的"五个同步"。只有围绕五个同步,聚合多方资源,才能创造出内容的"IP 价值",才能为全 IP

运营提供好的生态环境与生态氛围。咪咕阅读相关运营者，以《蔡志忠一日一智慧》（以下简称《一日一智慧》）一书为例，对"五个同步"做进一步阐述。《一日一智慧》"五个同步"框架如图 6.1 所示。

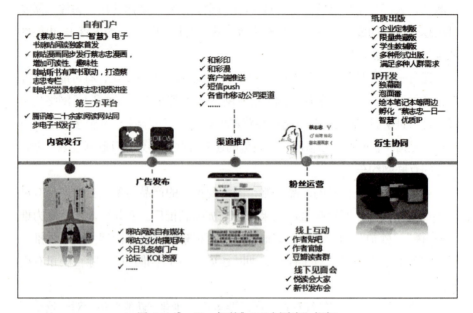

图 6.1 《一日一智慧》"五个同步"框架

一、内容发行

内容发行包括自有门户和第三方平台的发行，这是版权运营的基础。在《一日一智慧》发行过程中，运营人员充分调用咪咕数字传媒公司的自有门户优势，通过多种产品形态，在咪咕阅读电子书独家首发的基础上，同时打通咪咕次元的蔡志忠漫画、咪咕听书的有声书、咪咕学堂的视频讲座进行联动，共同打造"蔡志忠热"。同时，还在腾讯、网易、掌阅等 20 余家阅读平台进行全网发行，以发挥其跨平台的价值。

从传统数字阅读拓展到有声阅读、电纸书、漫画等全新内容形态，富媒体展现，优化用户的阅读体验，增加了内容的可读性、趣味性。同时，通过多种产品形态的创新传播方式来践行"全新知识的传播者"这一企业使命。

第六章
渠道运营

二、广告发布

当下处于新媒体时代,可以更多更好地利用微信、微博、贴吧、各种形态自媒体等新媒体矩阵进行内容推广和营销。在《一日一智慧》一书的广告发布上,通过咪咕自有媒体矩阵,天涯、豆瓣等阅读类论坛,腾讯、优酷等视频网站形成了全方位的媒体传播矩阵,策划与《一日一智慧》相关的优质、高度传播性的内容,如"听一小时大道理,不如读一分钟小故事"等传播话题,有效提升了 IP 的热度,并扩大了 IP 的市场知名度。

三、渠道推广

渠道推广是全 IP 运营中非常重要的环节,整合咪咕自身的推广优势,并联合第三方社会渠道共同做内容推广。在《一日一智慧》一书的渠道推广上,通过咪咕自有的彩印、彩漫、push 推送等自有渠道,及 UC、点众、掌维、百度等推广共同展开,同时整合线下企业内部文化宣传,各省市移动公司等渠道,实现线上线下全面覆盖,目标在于通过将《一日一智慧》推向大众用户获得更多的用户转化。

四、粉丝运营

通过贴吧、微博、豆瓣等线上群组与粉丝进行互动,增加粉丝对蔡志忠老师和其新书的关注,并通过"悦读会大家""新书发布会"等线下活动进一步增加用户黏性。单个的蔡老师的粉丝用户转化为《一日一智慧》的种子用户的成本低,且由于目标用户在价值观、叙事方式或风格的偏好方面一致,通过种子用户的社交关系对内容进行传播能迅速驱使目标用户转化;公司还通过用户的反馈,不断完善 IP 运营的策划。在微博上发起的 #520 蔡志忠教你大声说爱 # 等话题,通过蔡志忠粉丝的二次传播,话题阅读量达到了 50 万。

五、衍生协同

上述四个部分为 IP 积累了大量用户和人气,而这些关注度可以进一步通过衍生品的开发来实现 IP 的商业价值。《一日一智慧》一书，根据对蔡志忠以外图书销量、用户特点以及本书内容特色的分析，公司同步策划以限量典藏版、企业定制版等多种形式进行纸书出版，同步开发独幕剧、泡面番、日历卡、绘本笔记本等产品，实现《一日一智慧》从电子书到衍生的商业化变现。

数据总结：通过上述"五个同步"的执行，蔡志忠《一日一智慧》图书活动累计页面浏览量达 200 万，累计访问用户数 53 万，有声图书累计页面浏览量达 20 万，线上传播阅读量超过 100 万。

附：《一日一智慧》"五个同步"项目分解表模板（供参考）

序号	资源协同类型	渠道类型	资源名称	具体工作	负责人	对接部门	执行人员	项目时间或完成时间	预计效果	实际执行情况与效果
1										
2										
3										
…										

项目经理根据"五个同步"将项目分解为五个子项目，对每个子项目再进一步细分，落实到具体的负责人、对接部门以及执行人员，设定明确的项目完成时间与预计效果，并实时跟进实际的执行情况与效果，以确保项目的顺利执行。

第七章 活动运营

第一节　活动运营就是把产品价值生活化

通常很少有单独活动运营的岗位，但活动运营贯穿了整个运营过程，是实现运营目的的重要手段。

活动需要专业的运营人员。所谓"专业"，是指要了解自己的产品，了解自己的用户，能结合两者的特点策划活动，在活动组织时把控好节奏，最终达到运营目的。作为负责活动的运营人员，很多时候要求体现出的是项目经理的角色，在活动落地、申请资源、对外合作等方面，做好计划、组织、指挥、协调、控制和评价，对最终结果负责。

活动能达成什么目的呢？其实就是两个：要么提升用户规模，要么拉动用户贡献。

如果再深入地挖掘，其实活动是在不同场景下，用不同的方式，帮用户找到产品对自己的价值，如有用、好玩、打发时间、找到存在感等，从而让用户依赖这款产品，当成日常生活中的一部分。

第二节　策划，执行，复盘的三部曲

如何组织活动，有很多模板。基本的逻辑可按策划、执行、复盘来组织。

第七章
活动运营

一、策划

简而言之,策划的实质是找到活动目标、用户需求、投入资源的最恰当结合点。

1. 想好目的后定出目标

如果说策划是活动运营的起点,那么想清楚活动目的就是策划的起点。为什么要做这个活动,目的是什么?先想清楚了,再据此思考活动后续的事。不同的目标驱动,后继采用的方法是完全不同的。张小龙曾在2016年微信内部的"领导力大会"(一年一次,与会者均为基层、中层管理干部)上提到"在策划春节抢红包的活动"时的考虑,目的是怎样帮助用户更高效地抢到红包,而不是说更多人抢更多次数、花更多时间抢红包。让用户高效抢红包,是废除了所有的多余过程,让用户尽可能少地花时间在微信里面;追求数据好看,则会要求设计成用户抢很多次才能抢到一个红包。

目的和目标不能完全相等,目的是为什么要做这件事,目标是要做成什么样的结果。目的比较抽象,是某种行为活动的普遍性的、统一性的、终极性的宗旨或方针。目标则比较具体,是某种行为活动的特殊性的、个别化的、阶段性的追求或目标。某一行为活动目的的最终实现有赖于许多隶属的具体行为活动目标的实现,目的内涵的精神是贯穿于各个具体目标之中的。有了目的之后,需要把目的再细化成具体目标,也就是转化成若干数据。比如目的是"希望提升用户规模",转化为数据目标就是提升日活跃用户数量(Daily Active User,DAU)50%或提升到10万。如果不能做出很具体的数字,也建议要有大概的量级,比如DAU从5万提升至6万,还是从5万提升至10万。这将决定资源的投入,以及可策划的活动形式。

2. 确定时间、预算等可投入资源

确定活动时间,有两个方面:一是指要选择恰当的时间,二是活动的起止时间也要有大概的范围。有些活动是需要较长时间准备的;有些活动是需要赶热点推出的,需要选择能尽快上线的活动形式。所以并不是每一次活动,都选择效果最好的活动形式。

除了时间，还要确定可投入的资源预算。资源不仅仅指钱、人，还包括可推广资源。例如自有客户端上的主要资源位、push、系统通知可用多少？有没有适合推广此活动的产品或是渠道？

法，有常理而无定势。如何盘算出时间范围、可投入资源，找到相应的活动形式，行业经验很重要。对于新手，可以先跟几个活动，向前辈学习，整理记录出活动的类型、资源投入、运营效果等，多跟几次活动，就能找到感觉了。

3. 策划活动形式时，同时考虑预案

目标、时间、资源确定了，就要策划活动形式，就是做什么样的活动。要注意的是，要在真实客户集中的地方开展活动。例如对 TO B 的产品，通常会把目光放在行业展会。按杭州非白三维科技有限公司 CEO 茹方军的经验，挑展会比挑展位重要，要重点关注人流量。

在活动中，总是存在各种风险，比如在技术方面，有可能不能按时上线或是上线后缺陷多；在推广方面，可能提炼出的活动主打卖点，没有打到用户心上；还有可能设置的活动规则不够严谨，出现让被参加者可以刷单、灌水的作弊行为；甚至于有一些不可控的外部因素（如雾霾、马航、三星电池爆炸），而影响了活动进行。为此，需要列出有可能出现的风险点，做出预案。在活动跟进时，通过分析数据，及时调整活动方案。此外，在规划阶段性资源投入计划时，通常不要在启动阶段将所有资源都投出去，在大致能确定了方案执行顺利后，再将资源全部推出。

二、执行

执行，即根据策划的方案，做好各项任务。例如根据方案里上线排期、物料设计等，落实好宣传物料、跟进设计、开发和上线等。而实际上，无论线上线下，活动真正的时间也就几天。除了这几天的活动进行时，前期的预热和后期的收尾，也需要把控好活动节奏。活动预热做得好不好，关系到能否迎来爆点。预热最简单的方式就是告知。例如中国移动在推出自主品牌手机发布时，

第七章
活动运营

就提前一周在微信公众号里告知,如图 7.1 所示。

在活动进行中,时刻关注活动数据是主要工作。除了自己平台的数据,还要关注用户可能会反馈的其他平台,如用户群、贴吧、微博、朋友圈等。通过各个关键节点数据的监控来把控活动。如果离目标预期较远,就要分析原因,是资源投入不够,还是规则设计有问题,又或是执行力度不够,一是要根据用户的反馈,及时调整、处理、优化方案;二是下次做活动,在方案策划时就做好改进。

图 7.1 中国移动自主品牌手机 N2 发布前的传播

收尾的工作有很多,公布活动结果是其中一项重要工作。这是企业诚信的问题,每一次活动都要严格按照活动规则去执行和公布。向谁公布?不是只通知中奖的用户,而应该是向全部受众用户公布。此外,还要注意要给用户申诉和询问的渠道，无论是 QQ、微信，还是电话，这既是提高可信度的一种方法，也是后期宣传的一种手段——通过在平台做宣传分享，以便能够达到更好的效果与宣传力度。

三、复盘

复盘是一个围棋术语，指下完棋，棋手重新摆一遍下棋的过程，以探讨得失，总结当时有无更好的应对招数。复盘是给资源建档，向上级的汇报，是评判运营工作的重要材料，不仅是对活动的一次总结，更是个人、公司知识管理的重要部分。

在业界，有很多相关理论。例如被称为学习型组织之父的彼德·圣吉，在《变革之舞》里反复提及的行动后反思（After Action Review，AAR），源于美国陆军提出的军队学习法，有六个步骤，分别是当初的意图是什么，实际发生了什么，从中学习到什么，可以采取哪些行动，立即采取行动，尽快分享给他人。

又如联想公司，提出了四步复盘法。一是回顾目标。回想一下当初做这件事情的目的或期望的结果是什么。二是评估结果。要对照原来设定的目标，看完成情况如何。三是分析原因。要仔细分析事情成功或失败的关键原因。四是总结经验。包括得失的体会，以及是否有规律性的东西值得思考，还包括下一步的行动计划。

做好一次活动的复盘，可以参考以下框架。

第一部分：活动背景。这次活动要推广的是哪一款产品，定位和属性是什么，处在什么发展阶段，当前要需要解决什么问题，为什么要做这次活动，这次活动能解决什么问题。特别要注意不能默认有些信息是已知的，要从项目组以外的眼光看，是否能看懂。

第二部分：运营结果。设定的活动目标是什么，在什么时间范围内，将数据提升多少，投入了什么资源，达到了什么效果，是否达到当初活动预期。运营结果可以从定量和定性两种来描述。

第七章 活动运营

第三部分：项目回顾。根据时间顺序、空间顺序等逻辑重组事件。活动中的事件很多，可以根据数据，列出关键事件以及关键的措施。

第四部分：经验总结。总结活动的优、缺点，提出今后活动的改进建议，如是否需要更改流程，是否需要在哪个节点加大资源投入。

四个部分，不需要分割得这么清楚，要素到了就可以。下面以《教师的互联网素养》一书五位一体出版活动为例，来说明活动总结怎样做，如图7.2所示。

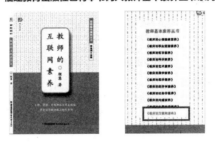

互联网运营的秘密
The Secret of the Internet Operation

项目回顾及总结 --- 项目整体安排

通过视、听、读二维码，纸电联动销售，打通线上线下阅读，打造"纸书互动"多形态知识传播方式，扩大用户获取新知识的选择面，同时通过"悦读咖"活动，拉近书友与作者图书的距离，进一步扩大咪咕阅读的品牌形象

项目回顾及总结 --- (9.9-9.17)阅读、听书、视频上线一周情况

电子书
图书访问情况：
用户数**16.8万**；日均访问用户数**7.87万**；访问**PV83.5万**，日均访问pv**9.28万**。对比同类型图书用户数和pv有较大的增长。

纸电联动销售情况：
上架**5天**，已售出**28套**；其中新增咪咕阅读客户**7名**，带来收入**518元**。

听书
（1）专辑访问用户数**1827**，访问次数**3253**；日均访问用户数**203**；
（2）收听用户数**598**，收听次数**1444**；日均收听用户**75**，日均收听次数**181**；人均收听时长**9.6分钟**；
对比平台同类型教育类音频，本次联合推广，扩大了直发渠道，因而在收听效果上明显优于同类型音频书，访问用户数高于同类型节目**35%**。

视频书
（1）视频书访问用户**6056**。OTT侧**800**左右，访问用户主要集中在客户端。
（2）直播课学习人数累计**3046人**，用户平均参与直播时长**8.18分钟**（总直播时长大概**50分钟**）。其中**24%**为新增用户数的**758人**，观看直播用户中以福建、浙江用户居多，**95%**的用户通过移动端进行了直播收看。

项目回顾及总结 --- 自有资源+外部资源曝光

资源覆盖曝光效果：项目充分利用数媒自有网络矩阵传播和作者本身的分享自传播能力。上线前期进行了新闻稿预热，并在官方微博微信、通讯类自媒体大号、厦门本地营业厅和微博微信上进行了传播。推广整体合计有**15家左右的新闻媒体、10余个微信微博**进行了报道，其中**包含福建日报、福建共青团、中国青年报、央视网**等。总曝光达千万次以上，较好的提升了咪咕阅读、悦读咖、咪咕学堂、咪咕听书的品牌知名度和影响力，同时深度挖掘了作者的分享、自传播能力，是一次针对纸书互动较成功的探索和尝试。

线上曝光：自有平台
咪咕阅读、咪咕听书
文字链+banner形式

阅读侧专题访问用户：
UV：42067
Pv：72818
转化率：
Wap侧：12%-15%
客户端：8%-10%

第七章
活动运营

项目回顾及总结 —— 线上曝光（自有平台）

咪咕学堂客户端　　咪咕学堂WAP　　咪咕学堂PC首页

咪咕学堂OTT首页

项目回顾及总结 —— 线上曝光（自有渠道曝光）

图书在UC书城、百度书城、爱看小说、OPP阅读等渠道上线推广

项目回顾及总结 —— 线上曝光（微博宣传）

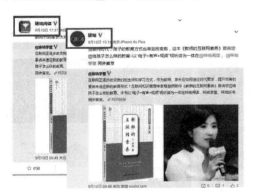

咪咕文化：阅读量5.5万 转发32 赞40
咪咕阅读：阅读量1.8万
咪咕学堂：阅读量6.5万
灵犀微博：阅读量681
手机报：　阅读量1485

互联网运营的秘密
The Secret of the Internet Operation

项目回顾及总结 —— 线上曝光（微信宣传）

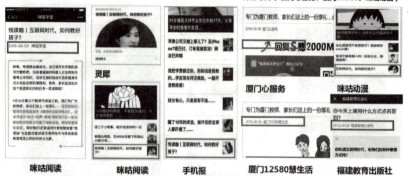

项目回顾及总结 —— 线上线下预热曝光

为图书和"悦读咖"活动预热，活动宣传物料提前在厦门心服务、厦门12580惠生活微博、微信投放，并在厦门思明同亨、思明莲前、海沧新阳、海沧石塘、海沧霞阳5大营业厅进行宣传。

项目回顾及总结 —— 线下活动（悦读咖）

活动名称：《教师的互联网素质》"悦读咖"读书会
活动时间：2016年9月10日　厦门"纸的时代"书店
推广效果：现场为100人场地，实际到场用户超180，场面热烈用户参与度极高，活动在学堂同步直播。

第七章
活动运营

项目回顾及总结 —— 媒体宣传(手机报+外媒)

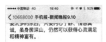

新闻早晚报、厦门日报短彩信

河南手机报：
http://hnsjb.cn/eyumqa

江西手机报：
http://4g.jxnews.com.cn/n781382

安徽手机报：
http://sp.anhuinews.com/system/2016/09/12/007459122.shtml

湄洲手机报：
http://sp.anhuinews.com/system/2016/09/12/007459122.shtml

9月11日百度新闻收录

中国青年网：
http://news.youth.cn/gn/201609/t20160912_8648425.htm

广东南都奥一网：
http://www.oeeee.com/html/201609/09/419741.html

央视网：
http://games.cctv.com/2016/news_04_0912/170085.shtml

红周刊：
http://news.hongzhoukan.com/16/0912/mr094556.html

项目回顾及总结 —— 深度挖掘作者分享和自传播能力

福建日报、三明日报分别重点发表书评介绍《教师的互联网素养》一书。

（1）重点对图书内容进行聚焦介绍。

（2）突出介绍本书由咪咕数字传媒有限公司提供有声+视频+电子的形式出版。

（3）跨越时间、空间、地域的出版，对于促进优质资源公平，提升二三线城市的信息化水平，有很大的帮助。

项目回顾及总结 —— 深度挖掘作者分享和自传播能力

福建共青团微信

科技杂谈（中国通信行业影响力最大的自媒体）

冰瓴通信（2016年通信圈最具影响力自媒体账号）

移周刊第256期（57万人内刊）

> **项目回顾及总结 --- 不足与改进**
>
> **预热和外部宣传需提前介入**
> 因项目时间较为紧张涉及三形态图书内容制作，尤其是听书和视频书需重新梳理纸书内容并进行内容脚本录制，正式上线时间为9月10日，因此在本次活动专题预热时间和预热投放的安排上还不够充分。后续还需注意：
> 1、注重整体的同时，需要加强对细节的落实以及交付物质量。
> 2、活动预热需增强当地手机报和移动自有资源的利用。
>
> **平台技术配合待加强**
> 纸电联动销售流程较为复杂，为确保后续纸电销售的常态化和规模化，出版侧建议开发包含购买、信息收集、物流发货、信息通知为一体的销售平台。目前流程全为手工，涉及部门及人员众多，流程较长。
> 现流程为：申请单本图书促销（写促销报告和审批）--设计、搭建微店页面-收集用户手机号-辨别是否为咪咕阅读用户-非注册用户，需提jira单让维优组为该用户开通隐式注册-将用户导入用户组（可0元阅读、下载电子书）-市场部发送push通知用户-填写快递单（快递单得事先走电子工单申请）-寄送快递-若用户退换货，需及时跟进。
>
> **线上线下配合力度需加大、挖掘作者自传播能力，提升运营效率**
> 进一步加大外部宣传渠道推广和活动推广，引导目标用户看、听、读；进一步增强重点作者和老师的自传播动力。

图 7.2 《教师的互联网素养》五位一体出版 复盘

要做好复盘，一是活动进程中要收集有价值的信息，为活动总结做准备，如数据的波峰和波谷、用户的反馈和讨论、有趣的截图等。二是要区分好主观和客观的因素。人的本性是将成功归于主观的努力，将失败归于客观的不得以，这是不可取的。三是复盘要持续做，每一次活动都应该有一个复盘的过程。只有通过若干次复盘，才能逐渐总结出一个规律的趋向。四是不能单以数据论英雄，要有自己的判断。一方面是因为现在的数据比较虚；另一方面，其实每一次的活动效果是自己能感受到的。评估活动的结果，在于看有没有突破点，如是不是有影响力、是否成为品牌的爆发点等。

第三节　常用的活动形式

一、话题

早期的凡客体，近期"漂亮得不像实力派"等话题都在社交网络上引发了大量参与。以"漂亮得不像实力派"活动为例，看看这种形式的活动如何开展。

第七章
活动运营

"漂亮得不像实力派"是锤子科技出品的坚果手机的传播口号，意思是说自己的手机又好看又好用，以用户自己制作人物海报形式传播，如图 7.3 所示。用户参与的具体步骤是：在浏览器打开 piaoliang.smartisan.com——授权微博账号，输入自己的微博账号和密码，然后登录——在网站中单击加号按钮来添加图片（可自选）——选择颜色（对应坚果手机的七种颜色）——编写"能…还能…"或者是"会…还会…""他的名字"等内容——单击生成海报——在右上角选择分享到朋友圈、发送到新浪微博或是下载为图片。

图 7.3　用户创造的坚果手机海报

产品本身的话题性、号召力，活动本身的趣味性、易用性，以及传播的是情怀而不是产品都是这个活动成功的关键因素。虽然看似是大量用户传播的，都与产品无关，但"漂亮得不像实力派"这个口号终究是坚果手机的口号，用户在不知不觉中就传播了坚果手机的品牌理念。

二、游戏

游戏是常用的活动形式,例如支付宝2016年春节期间的"迎五福,抢红包"活动,就是一个很典型的游戏。用户新加10个好友即可获得三张福卡;除夕当天,还能通过"咻一咻"获得福卡,通过福卡的积累和好友交换,集齐五张(富强福、和谐福、友善福、爱国福和敬业福)的用户即可平分2.15亿的现金大红包。虽然这个游戏有不少不尽人意的地方,如规则太复杂、产品本身并不具备社会属性等,至少可以增加用户的趣味性、参与感,提高了产品的活跃度。

很多产品和游戏扯不上关系,但也可以转化成游戏的形式,让活动游戏化。用户参与进来,互动起来,运营就活了。比如最普通的送书活动,通常的方法是在平台回复关键词,抽奖,或者根据排名,拿到书。"朝夕日历"产品则把送书活动变成读书活动。朝夕日历运营总监陈炬介绍说:"把这个读书活动做成很多个环节,想得到奖品,就的写书评,设置热度排行榜,不仅看自己写的书评,还可以看别人的书评,可以给好的书评点赞,你也可以把自己写的好的书评转发朋友圈,或者微信群,比简单的抽奖活动要好的多。"

三、O2O

互联网运营活动,常用的方式是在线上开展活动;或在线下开展活动,线上辅助传播预热。但O2O则强调线上线下结合,在同一时间将不同时空连接在一起。

"咪咕善跑"在线下推出三大主题跑:城市乐跑(品牌:MIGU RUN),山地越野跑(品牌:飙山越野),城市马拉松。线下赛事资源毕竟是有限的,由于赛道、赛制等条件限制,即便是全球知名的规模最大的马拉松跑步赛事活动,每一场活动也最多只能容纳6~75万人,普通马拉松在1~2万人。而举办线上马拉松,则可以解决这个问题。线上马拉松指在网络上举办马拉松,参赛者在比赛当天按照活动要求,在任何地点都可以完成全程/半程马拉松,完赛选手与现场跑者同样可以获得官方授权的完赛纪念奖牌、电子完赛证书及其他赛事奖品。以首届北京女子半程马拉松为例，比赛当天，用户不限在哪个城市，只要使用"咪咕善跑"APP记录运动轨迹，并在室外单次跑步满21千米（半程马拉松）即视为完赛，成绩自动上传至完赛成绩排行榜。当天累计8 000人到现场参赛，线上超过30万人参赛。

四、补贴

补贴是切入用户逐利心理常用的方法，可以提升市场占有率，培养用户习惯，如神州专有充100送50，饿了么新人专享10元红包、大众点评团红包疯狂送等营销活动。补贴只是吸引用户来使用，关键是让用户知道此产品，低门槛（甚至无门槛）使用后，发现产品确实有用，今后没有补贴也会继续使用。千万不能是除了补贴外，产品毫无其他可取，从此弃而不用，或是等有了补贴才用。

五、公益慈善

跑步是门槛低、参与性强的大众健身运动项目，但是因为机械重复、枯燥单调等原因，又是一项很难坚持的运动。市场上很多跑步产品的功能主要集中在有效记录、分析跑步数据以及打造专属运动健身计划等方面。如何让坚持跑步更有意义？"咪咕善跑"在运营中注入公益元素，提出"步步为善"的核心理念，建立"体育+公益"的运营模式。传统的公益模式是为公益项目募集捐款，而"咪咕善跑"请第三方企业出资捐助公益项目，然后企业和公益项目再授权"咪咕善跑"通过APP展示公益活动，鼓励用户通过跑步捐步数/里程的方式来参与公益行动。咪咕善跑不仅协助公益机构推广公益项目，还提供给用户一种全新参与公益的方式，让他们除了直接捐款，还可以通过自己的跑步行动来为公益做贡献。同时企业参与公益项目既能为社会尽一份责任，还可以提升其社会形象和影响力。咪咕善跑开创的公益模式架设了公益机构、企业和大众用户三方的桥梁。例如，浦东发展银行捐助上海市儿童健康基金会"关爱斜视儿童"项目，"咪咕善跑"作为承载平台，所有用户每跑步1万千米，浦东发展银行就向基金会捐助一台手术的费用。2016年，这一合作项目共为332名斜视儿童成功实施眼科手术。

第四节 策划活动的关键点

排在第一位的是有趣、好玩。《冬吴相对论》节目的吴柏凡，曾提到一本书《不懂娱乐业，就别谈创新》，大意是如果没有一颗娱乐的心，在这个时代搞创新，就会是一件挺不合时宜的事情。这正是一个一切行业都在快速泛娱乐化的时代。活动，就是让用户"玩"的，在玩的过程中达到运营目的。按米庄金融公关部总监林苏坡的说法是"要让用户入眼即化，3秒内要有兴趣。"

二是要把用户能获得的收益突现出来。用户为什么要参加我们的活动呢？总有所图。奖品是活动最简单直接的吸引力，但不是全部，除了实物，也可以用非实物。例如"罗辑思维"鼓励用户每天到"得到"（罗辑思维团队推出的主打知识服务的APP）签到，连续登录后，会给一本电子书作为奖品。收益还包括勋章、等级、头衔等。要把用户可获得的收益放在明显的位置，然后才说规则、操作。

三是简单易懂。在设计活动时，不能太本我、太工程师思维，觉得自己想出了一个很好的创意，用特别复杂的方式去实现了，但用户不懂，看说明文字就要理解半天，只好放弃。所以在规则设计上，要简单易懂，教育用户特别难，尽量别让用户学习了才会玩。活动的操作步骤也要尽可能少；每多一个步骤，都多一次用户流失的可能性。

四是尽可能有实时反馈。丰子恺曾经写过《吃瓜子》一篇文章，提到吃瓜子是特别容易消磨时间的。为什么"为什么嗑瓜子可以嗑半个小时，看书学习却不可以？"，从心理学上说，这和反馈周期有关系。反馈的周期越短，越为容易上手。磕瓜子容易，是因为马上就有反馈（马上能吃）；而看书学习反馈周期就长了，容易放弃。活动也是一样，要尽可能在活动环节中设计反馈，形式可以是可视化的进度标识、成功参与活动的通知等，鼓励用户一直玩下去。

五是要鼓励用户分享。活动要尽可能设计社交分享环节，活动要大家一起玩才有意思，这样既调动了用户的参与感，也借助用户传播了品牌。优衣库，曾经在2014年推出了"搭出色"活动，如图7.4所示。用户可以在互联网店铺内搭配衣服，搭配好后，可通过"试衣魔镜"在屏幕里自动加载纽约、巴黎、东京的背景，通过微信等社交媒体分享。如果上传到优衣库的官方微信，收集点赞，还可以进行抽奖，最高奖项是东京时尚之旅。

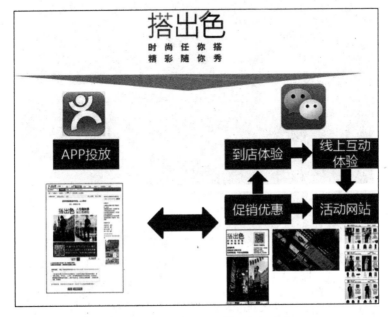

图7.4　优衣库推出的"搭出色"活动

案例：名人群体脱口秀的"大咖星之夜"

2016年4月12日，咪咕数字传媒公司承办了"大咖星之夜——咪咕阅读互联网文学年度盛典"，这是咪咕数字传媒公司面向用户和粉丝举办的年度盛典。咪咕数字传媒公司一直想做一场颠覆传统的文学颁奖典礼，最终决定以名人群体脱口秀的形式展开，围绕阅读话题，邀请了六位文学、娱乐、二次元等各领域代表性名人担任演讲嘉宾，分别从新人、畅销、IP三个方向进行脱口秀。"大咖星之夜——咪咕阅读互联网文学年度盛典"活动如图7.5所示。

图 7.5 "大咖星之夜——咪咕阅读互联网文学年度盛典"活动

  大咖云集的盛典活动数不胜数,怎样才能使活动更具记忆点和传播性?在前期预热阶段,公司并没有直接进行通知式的传播,而是针对本次活动特性进行了话题包装。结合时下社交网络讨论热词,将活动定位为"史上颜值与智慧值最高的脱口秀盛典",所有对外宣传全部贯穿这一主线,同时根据不同传播媒介制定了不同的传播策略。

第七章
活动运营

微博针对网民大众，主打话题炒作，有节奏分波次公布活动亮点：微博提前 15 天推出剪影海报，制造悬念，引发嘉宾名单讨论，同时抛出话题 #颜智担当# 引导明星粉丝群及红人大号参与讨论，推热话题，增加流量，之后每天公布一位嘉宾身份。值得一提的是主办方对每位大咖的宣传语都进行了斟酌，紧扣 #颜智担当# 主题，使用流行语，整个预热期间话题排名冲到前三，阅读量达到 1 亿。

微信针对本地人群，主打人际传播。微信是此次活动的两大官方抢票通道之一，整个抢票过程，没有采用一般的报名方式，而是向用户传递"只有颜值与智慧并存的人才能受邀参与活动"的信息，变被动为主动，增加门槛，报名 H5 设置了测颜值和测智商环节，反而增加了传播价值和讨论度。整个传播过程，整合咪咕家族、吴晓波频道、杭州移动等微信公众号传播矩阵，扩大传播覆盖面。

咪咕阅读 WAP 和 APP 针对自有用户开辟官方抢票通道，以用户权益回馈方式赠票，群发推广；应用市场、新闻媒体和门户主要承担活动告知功能，传播基本覆盖了互联网的主流渠道。

活动过程中，不仅咪咕直播全程直播，公司还引入时下火爆的主播模式，邀请瑞丽女主播现场直播互动，发布微博。一方面，"美女"符号作为标签可以作为"史上颜值与智慧值最高的脱口秀盛典"新闻点，另一方面也可吸引大批年轻受众群体关注。

活动后在网易娱乐开辟新闻专区进行二次传播，微博继续发力，大量新闻稿发布，完成传播收尾。

整个活动较为成功，得到了业内认可，之后国内也陆续出现了类似的明星群体脱口秀活动。可以说，大咖星之夜试一次以品牌活动带动传播，从而提升品牌形象的成功案例。

第八章
数据在运营中的作用

第一节　数据的重要性

有个在解放战争中"小数据"助力打胜仗的故事。辽沈战役打响后，林彪要求每天深夜都要进行军情汇报，由值班参谋读出各个纵队、师、团用电台报上来的当日战况和缴获情况，包括每支部队歼敌多少、俘虏多少；缴获的火炮、车辆、枪支、物资多少……某一天，林彪就胡家窝棚战斗的缴获，问出了三个问题："为什么那里缴获的短枪与长枪的比例比其他战斗略高？""为什么那里缴获和击毁的小车与大车的比例比其他战斗略高？""为什么在那里俘虏和击毙的军官与士兵的比例比其他战斗略高？"由此林彪得出了敌人的指挥所就在胡家窝棚的结论。

这堆数据虽小且杂乱无序，可集中挖掘后，可分析出研究对象的内在规律，能起到大作用。

为什么数据化运营如此重要？答案很简单，相比基于本能、假设，或认知偏见而做出的决策，基于证据的决策更可靠。数据已成为决策依据。数据的本质价值是化数为据，用规律预测未来，辅助决策。通过数据驱动能够判断趋势，从而展开有效行动，帮助自己发现问题，推动创新或解决方案出现。麻省理工学院一项针对数字业务的研究发现，那些在大多数情况下都进行数据驱动决策的企业，它们的生产率比一般企业高4%，利润则要高6%。

以一款阅读类产品为例，如何判断首页上放什么书？做什么栏目？多久换一次书？运营人员不能有代入感，因为自己喜欢某种风格，就一直用。每一个触点，用什么样的内容，要考虑用户体验。用户体验则是基于数据来呈现的，能反映出某本书或某个功能是否受用户欢迎。基本上每个点都有数据呈现，告诉用户实际的使用情况如何。比如活跃用户的各种方法里，从用户数据得知，"签到"的页面浏览量、访问用户数最好，便把"签到"功能放在更好的位置。

数据还可以为运营人员提供一个良好的标准，将自己的工作和业务结果联系起来，从而发现一些可以改进的机会。绩效评估可以建立在可衡量的标准上，管理者可以了解整个公司的状态以及公司的优势和劣势所在。比如一个O2O项目，最终的量化目标是销售订单；一个APP，最终的量化目标可以是用户日活率。

引用"乐只"创始人张镱苧女士的说法：一定角度上可以说，运营就是在满足用户需求的角度下，让数据不断变好。

第二节　数据从何而来

要更好地搜集到数据，才能根据数据做优化。数据从何而来？

首先可以从第三方平台上获取数据。如微信微博的阅读量、转发数，甚至点赞数、应用商城的下载量，都可以是数据分析的来源。没必要设立太复杂的数据分析体系，做太多的数据定义。

分析流量数据，可以使用百度统计（http://tongji.baidu.com/），如图8.1所示。百度统计可以提供流量分析、来源分析、页面分析、访客分析等功能，能够记录访客是如何找到并浏览网站，在网站上做了些什么，在哪个页面离开的。

提供类似的功能的，还有Google Analytics，能提供受众群体分析、流量获取分析、用户行为分析、用户转化分析等。基于所选择的网站类别，还提供同类别网站的对比分析。

移动应用类产品，可以用的分析工具包括友盟（https://www.umeng.

com/）、TalkingData（http://www.talkingdata.com/）等。

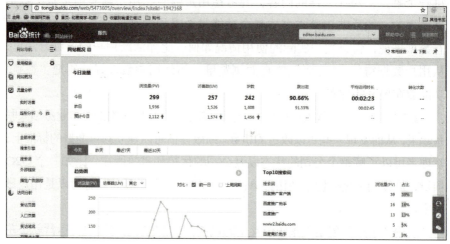

图 8.1　百度统计页面

2017 年 3 月 23 日，微信官方推出了"微信指数"功能，这是微信官方提供的基于微信大数据分析的移动端指数。一定程度上，通过微信指数能知道某个关键词在当下微信生态中的真实热度。可用于：（1）捕捉热词，看懂趋势；（2）监测舆情动向，形成研究结果；（3）洞察用户兴趣，助力精准营销。使用方法也很简单，在微信端操作：首先，在微信顶部搜索框内输入"微信指数"四个关键字；然后，点击"微信指数"进入主页面，在微信指数里面的搜索框输入自己想要的关键词；最后，得出数据。目前微信指数只支持 7 日、30 日、90 日内的三个阶段的数据。

对第三方平台不能呈现的数据，可以交给技术部门开发。例如针对订单量、订单转化率、客单价等运营目标的跟踪，可以通过开发统计报表系统来做监控，包括日指标、周指标、月指标，甚至季度、全年的，再延伸到周、月、季、年去做统计。

此外，各类标准数据还可以搜索查阅公共资源，有些数据可以通过和其他合作伙伴交换而来。获取数据的方式多种，关键还在于要明确什么数据是重要的、前后关联如何，重视长期数据监测，才能真正用好数据。

第三节 几组常用的数据

不同产品类型数据指标不一样，APP、电商、微信等平台，都有不同维度的指标来考核，如微信、微博的阅读量、转发量、评论人数等能用第三方平台来考核的，尽量用第三方的数据。如果产品比较复杂的，可以在设立指标后，请技术在系统上固化指标生成运营日报、周报和月报等。

一、用户类

用户就是拉新、留存、促活，看数据也围绕这三部曲。

拉新，主要看新增用户数以及用户获取成本。在某个时间段（一般为首日）新登录应用的用户数，以及获取这些用户所付出的费用。

留存，是把目标客户最大化沉淀下来。对于很多产品来说，运营体现的不是首日拉新多少，而是过后还会使用产品的用户，这才是真正被产品价值吸引过来的用户。数据通常会看次日留存率、7日留存率、30日留存率，留存率反映了不同时期获得用户的流失情况。最终目的是为了找到获取用户的最佳办法，什么方法找来的用户不容易流失，哪些渠道吸引来的用户流失率高。找到具体原因，然后通过不断的修改和调整来降低用户流失，提升留存率。

留存率 = 登录用户数/新增用户数 ×100%（一般统计周期为天）

次日留存率 =（新增且在往后的第1天还登录的用户数）/ 第1天新增总用户数

第7日留存率 =（新增且在往后的第7天还登录的用户数）/ 第1天新增总用户数

第30日留存率 =（新增且在往后的第30天还登录的用户数）/ 第1天新增总用户数

促活，主要看日活跃用户数及月活跃用户数。怎样算活跃用户，每个公司的定义不同。例如，有的公司认为只要登录过就算活跃，有的公司认为要购买过产品才算。活跃率＝总活跃用户／总用户，这个数据可以了解用户的整体活跃度。在用户转化阶段，付费用户比例、首次付费时间、用户平均每月营收（月收入除以月活跃用户数）、付费用户平均每月营收（月收入除以月付费用户数）也是要关注的数据。在看促活情况时，还可以参考评论。只有真正热爱产品的用户，才会评论产品，才会提出意见，这有助于分析用户活跃情况。

二、流量类

流量指标常用来对网站效果进行评价，主要指标包括独立访问者数量、重复访问者数量、页面浏览数、每个访问者的页面浏览数和某些具体文件或页面的统计指标。

页面访问量（Page Views，PV）：评价流量最常用的指标之一，Page 一般是指页面，一个页面内容是一个 PV，逐渐累积成为 PV 总数。每一个用户，每打开一个页面，就是一个 PV。以购买产品为例，一个用户，打开首页、登录、浏览商品、提交购买、付款成功，这里有 5 个页面，就记录 5 个 PV。

独立访客数（Unique Visitors，UV）：指不同的、通过互联网访问、浏览一个网页的自然人。也就是同一个人，浏览一个网页多少次，都只算一个 UV。

页面停留时间（Time on Page，TP）：用户在一个页面上的停留时间。例如每天看某购物网站多少时间，就是 TP。TP 指标能看出页面布局、版块、内容对用户的吸引力如何。如果再加上有效停留时间（页面的总停留时长除以页面的访问量）、跳出率（只访问了落地页面的访问量除以总访问量）、退出率（从一个页面的退出次数除以访问次数）等指标分析，可以有效地优化产品。

跳出率（Bounce Rate）：也被称为蹦失率，为浏览单页即退出的次数／该页访问次数，跳出率只能衡量该页作为着陆页面（Landing Page）的访问。如果做推广，着落页的跳出率高，很可能是因为推广渠道选择出现失误，推广渠道目标人群和被推广网站到目标人群不够匹配，导致大部分访客访问了一次就离开。

页面访问时长：指单个页面被访问的时间。并不是页面访问时长越长越好，要视情况而定。对于电商网站，页面访问时间要结合转化率来看，如果页面访问时间长，但转化率低，则页面体验出现问题的可能性很大。

人均页面浏览量：指在统计周期内，平均每个访客所浏览的页面量。人均页面浏览量反应的是网站的黏性。

流量的指标，除了包括以上数据，还要结合渠道来源数据。不同阶段，对流量指标的关注度会有不同。刚开始运营时，要非常关注流量指标；到了持续运营阶段，单一流量指标的意义不大，更重要的是用户的留存、活跃指标，特别是能产生销售额的用户规模。

三、电商类

电商类运营，销售额、客单价、购买转化率、妥投率等都是重要数据指标。除了毛利、毛利率、库存周转、客单价等销售常用数据外，还有以下指标需要关注。

库存量单位（Stock Keeping Unit，SKU）：物理上不可分割的最小存货单位。每款产品都出现一个SKU，便于电商品牌识别商品；每种商品均对应有唯一的SKU号。当其品牌、型号、配置、等级、颜色、容量、产地等属性与其他商品存在不同时，可称为一个单品。通常SKU越多越好。

标准化产品单元（Standard Product Unit，SPU）：商品信息聚合的最小单位，属性值、特性相同的商品就可以称为一个SPU。比如同为Mate 9，不管颜色、网络类型，都算是一个SPU。

网站成交金额（Gross Merchandise Volume，GMV）：淘宝网、京东商城等平台类电商常见的指标。和销售额是要实际成交的金额不同，GMV指的是形成订单的金额（包含付款和未付款）GMV的数字一般比销售金额大。

除了上述指标，还可以关注周期内加入购物车次数、加入购物车买家数、购物车支付转化率、周期内的下单笔数、下单金额以及下单买家数、浏览下单转化率等指标。

随着移动互联网的兴起，电商产品还要注意移动端访问量的百分比、移动端下单占比，如阿里，在公布"双11"数据时，除了销售额，还会同时公布移动端占比，2016年"双11"，移动端下单购买销售额已经超过80%。要通过为移动设备创建最好的购物体验来提升数据。

如在淘宝网上销售，还要注意淘宝店铺的动态评分（DSR），即交易成功后，买家对本次交易的卖家进行是否与描述相符、卖家的服务态度、物流服务的质量三项评分，体现了用户的满意度。

四、移动应用

做 APP 客户端的产品，除了上述数据，还需要关注下载量（商店评分和排名）、安装激活量、激活率、新增用户数（一般就是新增设备数）、平均使用时长、功能使用率等指标。

同样的指标，在 APP 端的应用是不同的。例如第三节提到的留存数据，在 APP 应用时，可以结合 APP 的迭代周期来看版本留存情况。每个版本的更新，或多或少会挑战用户原有的使用习惯，所以通过比较月留存率能够判断出用户喜欢与否。如果 APP 是按周迭代，则看周留存；如果是按月迭代，则看月留存。这样就能看出每个版本更新对用户有何影响，以此来评价版本的迭代效果。

第四节　如何做数据分析

数据能反映很多问题，其重要性不言而喻。运营人员要养成每天看数据的习惯，对数据保持敏感，通过看数据、比较数据，挖掘其本质，最终达到运营的目的，而不是为分析数据而分析。以分析流失用户为例，如果用户已经流失，再回来就会比新用户注册更难。要提高留存率，可以采用三种方式：一是分析即将流失的用户情况，以做防流失预警；二是通过分析已流失用户，以召回流失用户。也就是说不仅在于对已流失用户的分析，重点在于提前找到有流失倾向的用户，即当用户的流失关键性指标开始下滑时，说明该用户是潜在的流失用户，需要提前接入防流失预警策略，以防止其彻底流失；三是反向数据分析。即通过看留存优质用户的成长路径，来找到让用户留下来

第八章
数据在运营中的作用

的理由。

要做好数据分析，运营人员需要掌握基本统计原理，了解常见的分析框架和原则，以在数据分析中灵活运用。常见的分析框架有以下几种。

（1）用于企业所处宏观环境的分析 PEST：Political（政治），Economic（经济），Social（社会），Technological（科技）。

（2）用于决策和执行性活动措施的 5W2H 七何分析法：WHY（为什么？为什么要这么做？理由何在？原因是什么？）+WHAT（是什么？目的是什么？做什么工作？）+WHO（谁？由谁来承担？谁米完成？谁负责？）+WHEN（何时？什么时间完成？什么时机最适宜？）+WHERE（何处？在哪里做？从哪里入手？）+HOW（怎么做？如何提高效率？如何实施？方法怎样？）+HOW MUCH（多少？做到什么程度？数量如何？质量水平如何？费用产出如何？）

（3）基于内外部竞争环境和竞争条件下态势分析的 SWOT 分析法：Strengths（内部优势），Weaknesses（内部劣势），Opportunities（外部机会），Threats（外部威胁）。

（4）目标管理的 SMART 原则：Specific（具体的），Measurable（可衡量的），Attainable（可达到的），Relevant（相关的），Time-Bound（有明确结束期限的），常用于目标管理。

（5）营销 4P：Product（产品），Price（价格），Place（渠道），促销（Promotion），用于制订营销策略。

（6）移动应用生命周期中 AARRR：Acquisition（获取），Activation（激活），Retention（留存），Revenue（收入），Refer（推荐）。

在日常的具体运营中，通常用数据来驱动产品闭环。最简单的分析方法就是通过横向对比，纵向对比。保证对比指标之外其他因素尽可能保持一致，如在做新、旧版本分析的时候通常会选择两个版本发布初期的新用户。

横向比较可以理解为和别人比，是指在同类事物或同一时期，对不同总体指标的比较。如阅读量、转化率、竞争对手的数据是多少、行业标杆的数据是多少、同体量的数据是多少。

纵向比较可以理解为和自己比，指在同一指标，在不同时期指标数据的比较。如阅读量、转化率、上季度比较数据如何、与上年同期比较数据如何、与活动前比较数据如何。

　　数据分析不是目的，关键在于策略调整。策略有大有小，例如，有些需要迭代版本，有些需要调整首页架构和陈列样式、展现形式，有些仅需要换做图文的方式。这需要综合用户需求和数据反映出的问题来拟定策略。当然，数据也不一定可靠。专家意见＋实地考察＋测试综合起来考虑，要以是不是多数用户的需求、是不是主流产品的、是不是从长远来看对自己有好处为标准，至少要通过内部评审来调整策略。

　　例如，咪咕阅读从用户的点击量为基础数据，认为产品"卖的就是屏幕"，从用户感知、产品发展的数据变化，对导出率、跳出率、满意度、各端用户占比进行对比分析，确定改版数据指标来调整内容、栏目。不断对客户端进行用户体验优化，以达到社交化、富媒体化、推荐智能化和体验极致化的效果。安卓6.0客户单版本升级后主要根据数据改动了以下内容：

　　①书架显性化，移至底部一级标签，方便继续阅读；

　　②详情页交互优化，突出简介、评论等关键信息；

　　③免费频道入口提至一级标签，并增加筛选功能，方便找书；

　　④针对新用户增加书城首页弹框和倒计时提醒，强化7天免费阅读权益告知；

　　⑤阅读页底部菜单优化，收起不常用功能，加强打赏月票评论功能引导。

案例：咪咕的咖啡，全新 3S 时代

　　2015年7月15日，在MWC通信展上，中国移动旗下独立子公司咪咕文化科技有限公司，端出了醇香咖啡。2015年9月20日，"咪咕咖啡"1号店在苏州盛大开业。2015年12月15日，在中国移动全球开发者大会上，咪咕咖啡又成为展览馆内的重要展厅。

　　咪咕文化科技有限公司是中国移动面向移动互联网领域设立的，负责数字内容领域产品提供、运营、服务一体化的专业子公司，是中国移动旗下音乐、视频、阅读、游戏、动漫数字内容业务板块的唯一运营实体，下设咪咕音乐、咪咕视频、咪咕数媒、咪咕互娱、咪咕动漫5个子公司。（咪咕文化科技有限公司简称咪咕文化；咪咕文化及5个子公司合称咪咕公司）这样一家互联网公

司，以实体的咪咕咖啡连接起了用户之间的关系。

图 8.2　咪咕文化及 5 个子公司合称咪咕公司介绍

一、体验为王，O2O 销售平台

越是竞争激烈的行业，越需要用户体验。道理很简单，在竞争激烈的行业里，技术差异日益缩小，产品质量有一定的保证，物品种类丰富，用户体验成为实现产品创新、提升差异化竞争力的重要方法。而在互联时代，用户对企业的影响力更加重要，"以用户需求为导向、以用户体验为核心"成为企业生存之道。通过与用户高效、个性、精准的互动，获得用户使用产品或服务的感受，从而得知用户需要什么样的产品以及什么样的服务。用户成为体验的主导者，从某种程度上说，互联网经营的就是用户体验。

体验为王，并不是训练销售人员技巧、增加业务展示销售的区域空间、将柜台式销售改为开放式就可以做到的。而是应该将体验贯穿从设计、销售到使用，由用户参与的创造和使用的全过程。

以北京西单店为例，该店覆盖咪咕公司旗下所有子公司业务体验项目，是咪咕中信书店 O2O 模式的旗舰门店，为客户提供超过 50 万册的正版图书资源；直播间可以承接公司内外部各类中小型活动，并通过咪咕直播客户端呈现给广大用户。此外，在直播间还可观看咪咕影院；VR 体验区展示的 VR 一体式眼镜,具备行业应用定制空间的最新款 PC 沉浸式体验终端,定向音罩使用户更能专注于享受听书或音乐;魔百和体验区安装了咪咕影院、咪咕游戏、咪咕动漫、咪咕学堂、灵犀等旗下重点产品,汇聚了海量视频内容和丰富精品应用;音乐体验区不但可以打开咪咕音乐畅游海量乐库,将歌曲无线串流至咪咕 Hi-Fi 蓝牙音箱,还可用自带指向性麦克风的咪咕爱唱音箱欢唱,体验独有的 VoLTE 视频彩铃;演示区的触摸屏演示,可了解咪咕公司及各子公司、旗下战略业务、咪咕咖啡相关信息以及加入咪咕咖啡。

在这样一个咪咕咖啡厅里,到处都有二维码,同一个二维码,每个人扫出的东西都不同。用户在咖啡厅的布局中,通过手机、PC、TV 及可穿戴式等设备,在"智能硬件+软件+服务"的有机结合中,体验到互联网+时代"读书""看大片""玩游戏"等各种业务,为用户创造出"新奇、有趣、轻松、惬意"的开放互动情境,创新了业务体验的载体。

二、中韩合璧,年轻化趣创空间

在咪咕咖啡提供的饮料食品上,与韩国著名咖啡品牌 Coffine Gurunaru 合作,以其品牌咖啡屋为原型,有注重的原装口味的咖啡。Coffine Gurunaru 持续 11 年之久的元老级菜品——蜂蜜面包,还有圣诞热红酒。美颜咖啡机很值得一试,可以将自己的、明星的、动漫的形象印在咖啡上。

咪咕咖啡致力于打造成为"年轻人的趣创空间",聚焦有趣、爱玩、爱创造的年轻人,为年轻人的创意、创作、创业等创造行为提供交流、辅导、变现等差异化服务。以咪咕咖啡北京店为例,布局错落有致,避免了狭小与拥挤,灵活多变的开放式座位区和私密安静的会议区域兼备,以现代工业风为主的多种装修风格混搭,如图 8.3 所示。有与中信书局跨界合作的书屋、直播间、创客空间,满足年轻人的多元交流需求和高级审美趣味。咪咕咖啡是国内首家开设网络直播间的咖啡店,不定期邀约各类明星到店内举办各种线下活动,并以全民直播的方式与广大网友互动,真正实现线上、线下同时参与活动现场,让年轻消费者在此找到最契合他们的社交群体,满足其社交需求。

第八章
数据在运营中的作用

图 8.3 咪咕咖啡店内外照片

独具特色的贴心服务是咪咕咖啡备受欢迎的秘诀之一,咪咕咖啡不仅致力于"人有我优",还力求"人无我有"。除了提供最纯正的韩式咖啡,更主打"新奇、有趣、轻松、惬意、成长"的人文理念。

咪咕咖啡，正是这么一个整合自身数字内容资源，集科技优势，餐饮美食、各类活动、业务衍生品销售等于一体的 O2O 体验厅。按咪咕公司的介绍，如果说喝咖啡是 1.0，在舒适的环境里品味咖啡是咖啡 2.0，那么咪咕希望做的是引领咖啡 3.0，即融合"咖啡文化 + 舒适环境 + 业务互动"于一体的 O2O 体验平台，旨在向广大消费者提供丰富多彩的互联网业务线下体验和推广，实现"一流的品质美食、完美的 O2O 体验平台、一站式连锁休闲体验店"的完美融合，最终为当下年轻人打造最好玩、最流行、最多元的趣创空间与社交平台。

咪咕公司从 Space（智能多元空间）、Service（差异化服务）、Social（潮流活动与社交）三大角度出发，开启 O2O 体验模式，全方位满足年轻人的娱乐与作业需求，从真正意义上打破了传统咖啡店的功能局限性，实现了咖啡运营模式的升级与变革。

第九章
运营者的自我修养

第一节　何谓一个好的运营者

互联网已经拉低行业的门槛，人人都容易进入。运营，又被看成是互联网企业中门槛最低的岗位；但运营也是难出成绩、难突破的岗位。有可能一直都在做活动、做图文，加班加点，却看不到用户增加、产品火爆，职位也一直没有提升。但是也有厉害的员工，看似做同样的事情，却能在几个月内提升数据，扩展工作领域，过几年就晋升为运营经理，甚至运营总监了。

杭州非白三维科技有限公司 CEO 茹方军的看法是：有些事情需要天赋，销售要有特别强的欲望，运营要有与生俱来的传播欲望。

除了要根据天赋选对行业外，一个好的运营者还需要具备什么能力？

第一是热爱。虽然运营需要综合能力，如对外合作的商务能力，做活动的项目能力等，但排在第一位的，仍然是热爱。热爱运营，热爱自己的产品。很多要做的事，不会写在岗位说明书上，也不会有人一一告之，凭着热爱，才会钻研、挖掘，自动自发地思考学习。

第二要多和用户在一起，最好能把自己变成一个典型用户，这样才能保持对用户的洞察。哪怕承担的是运营经理、运营总监这样的管理工作，也一定要经常抽时间参与和用户相关的事，保持用户的感觉。三节课的联合创始人黄有璨曾举过一个做学习类网站的例子，自己花了差不多 2 个月时间，参加了 50 多场线下的学习课程和沙龙，把用户能做的都做了一遍：记笔记、画脑图、

第九章
运营者的自我修养

写日记、早起等。在那之后他发现，他们网站上线的课程，凡是他喜欢的，卖得肯定不会太差；而他不喜欢的，卖得一定不好。精确找到产品群体，打成一片，传播理念，输出价值观，这是运营最大、最根本的价值。

第三是把自己的定位放高一些。定位决定思考。做运营是一个岗位，是一个部门，还是中心的位置？乐只创始人张镱苧女士的建议是："把自己的定位放得更高一些，放在整个团队去考虑。"这样在捕捉到用户需求后，自己会主动去推动整个团队下一步的发展和创新。运营是和用户最近的部门，有时候运营经理会身兼产品经理的一些职责，定期跟用户交流，随时反馈，去推动产品改进。当然这需要运营人员有交流沟通技巧，并且能够从诸多看似杂乱甚至无理的需求中提炼出产品的改进建议。这里对运营的关键有三：（1）运营要有大局观。有大局观，就不会只局限于执行，而是能够站到如何更好连接用户的维度上去思考和布局；（2）运营要懂产品。充分懂产品，与产品间的沟通可以相对无障碍；（3）运营要跳出工作KPI（关键绩效指标）。不能只局限于今天阅读量达到多少、用户数量增加了多少，而要分析用户的需求满足程度。

第四是要有责任感。运营是个细致活，要各方各面都考虑到，越是细节越容易被忽略。人的天性如此，每天重复同样简单的操作，就有可能做而不思考，只求动作到而不是做到位。有些小步骤，感觉做与不做好像相差不大，KPI也没办法评价出某个细小环节注重或忽略会有什么数据差异。这就要求运营人员要有责任感，自动自发，可做可不做的事、细节的事，要从为产品出发的态度来考虑如何做。

第五是沟通学习能力。除了要会和用户沟通、产品经理沟通，还会学会向行业内学习。行业内互通有无，学会共享特别重要。在米庄金融公关部负责人林芳坡看来："一种推广方式，有用的时间就是3~5个月，第5个月才用，效果就不好了。要多跟圈子里的行业交流，互联网变化是很快的，否则要被淘汰。"对于运营人员，要注重新工具、新方法的学习速度。

第六是坚持，不要抱怨。运营工作的性质就是难以迅速出成绩，难以站在耀眼的舞台，要学会坚持，学会成就他人，最后体现自己的价值。

一个好的运营者，需要极度感性（可以挖掘更深层次的需求）和极度理性（能调配实现）兼具。

第二节　保持创业者的心态

要适应这个时代，人人都需要做一个创业者。不是说每个运营者，都要想着自己开个公司，而是要具备创业者精神，如同创业者一样地想问题、做事情，以创业者的眼光来做出日常判断。

一是敢冒风险。世上万事通常都如逆水行舟，不进则退。如果目标只是降低风险，减少出错，不仅不会得到发展，还会因为"守"而被时代所抛弃。要有冒险精神，多尝试，错了，马上调，马上改，万字在一个改字上。

二是及时转型。典型的例子是苹果公司，在2012年5月《纽约时报杂志》的《百万小生成熟记》中，作者亨利·布罗格特说苹果三分之二的资产都来源于2007年以后的产品。苹果的成功，来源于不断探索、不断创新的创业精神。

三是总是寻求更好的方法。美国经济学家道格拉斯·诺思提出"路径依赖"，并由此获得了1993年的诺贝尔奖。企业在转型中常说"去某某化"，如中国电信的"去电信化"。"去某某化"就是摆脱"路径依赖"，破除过去赖以成功的所有要素，积极探索更好的方法，从变革前沿寻找并创造突破口。

四是要对新东西保持敏感度。像第五章第四节中的借扫码送玩具拉新的例子，如果没看过《疯狂动物城》，就不容易想出来。黄有璨曾提到自己有个习惯，只要有三个人提到了一个他没听过的东西，他就会去把这个搞清楚。要保持对热点的敏感，并能联系到自己的运营。

五是要主动迎向变革的前沿。想要飞起来，关键在于站对风口。要相信自己作为个体的力量。陈春花在《激活个体：互联时代的组织管理新范式》一书中说到，要在五个方面做出努力：①思维模式的改变，一定要把自己从有边界变成无边界；②一定要真正的客户导向，不要以企业导向，或者管理导向；③一定要关注人；④一定要学会做资源的整合；⑤要对内部的改造作系统的思考。

第三节　建立自己的运营知识体系

学习是一件终身要做的事。出了校门，仍然需通过继续教育弥补不足，提升技能。在工作、生活很繁忙的时候，互联网的自主灵活可以突破时间和空间的限制，更便捷有效地提升自己，通过无数种方式来学习自己想要了解的东西。无论身在何处，只要能连接互联网，通过网易公开课、学堂在线等网络视频教学平台都能听到国内外的名校公开课。在智能手机已经非常普及的当下，还能在手机上随时随地地收到各种微信、微博，获取大量的信息。

现在的问题是，当信息过量、信息碎片化时，先学什么，再学什么？从知识管理角度来讲，人脑比较容易记住各种关系、框架和模型，所以要建立自己的知识体系，先画出森林，再逐步描绘每一棵树。

首先，找到运营领域相对成熟的知识体系，以此作为学习实践的目标。找到知识体系的方法包括：学一门系统课程，看一本学术教材，考一个本领域的专业证书，找本领域专家的演讲文章等；也可以试试用思维导图的方法画出框架。通常这个步骤可以大概把框架画起来，建立本领域的概念。

其次，根据当前工作重点扩展自己需要的知识体系。运营这么大的框架，模块很多，内容深浅不同，可以划分为更小的知识体系。要扩展身处的岗位（如活动策划、新媒体运营等）要完成的某项任务需要掌握哪些知识，要学到哪个层次。知识体系与需求相联系，通过分析当前的岗位和职责，找到框架和缺口，进而持续高效地学习。当然在实际工作中，并不会有人告之做好某项工作涉及哪些知识、要具备哪些能力，需要多思考、多实践、多摸索，建构出框架和模型。这个步骤把所在森林里这棵树的枝干画出来了。

再次，大量地学习积累。集中领域，不断搜集，大量获取本专业的信息。互联网时代信息的显著特点、碎片化的优势在这时候就体现出来了。把这些碎片化的概念、方法随时补充到知识体系里，在树的枝干上画出叶子，拼出完整的一棵树。在这个过程中，有可能会不断遇到新的信息，对原来设定的体系结构有冲击，时代在变化，唯一不变的就是"变"，要不断打破原来设定的知识体系，不断接受新事物，不断修订自己的知识体系。

最后，也是最重要的，就是实践。画出了完整的图，是需要一片叶子一片叶子去实践的。就像在学校里，上完课后有练习和考试，才算掌握一样。持续地学习、实践、思考，才能真正转化成自己的运营知识体系。

当然每个人都需要多维度的知识内容。按照管理学的观点，最基本就是技术技能、人际技能、概念技能及兴趣爱好。在职场的不同阶段，侧重点不同。

第四节　用互联网呈现自己

彼得·科伏特（Peter Coughter），弗吉尼亚联邦大学广告学研究生院（VCU Brandcenter）教授、Coughter公司总裁，在《顾问式销售的艺术：富有创意的说服与呈现技巧》一书中有个有趣的观点："大部分创意人员把大量时间都花在作品的创作上，几乎不会在说服与呈现上投入精力。"

就像商家会用互联网传播、销售产品一样。运营人员作为个人，同样需要在互联网世界里展现自己，为自己带来价值和机会。

《Me2.0个人品牌崛起E时代》一书中很明确地指出，我们每个人就是品牌。所谓个人品牌塑造，最简单的说法就是如何向他人营销自己。成功的个人品牌，要真实，做好自己，保持良好的声誉，要学会营销自己，将每次机遇看成一个提高和宣传个人品牌的机会，这样就会及时被最合适的人发现。

互联网有很多新媒体工具，在不同的新媒体上做不同的事。比如上百度，是为了解决问题、寻找答案；在人人网上，与同学联系；用微信公众平台时，是为了做服务。上百度、上人人、上微信公众平台，都是人们不同网络形象的一部分。利用新媒体使传播产品、呈现个人变得容易。呈现就是机会，如何使用新媒体，如何与其互动是一门重要课程。不同新媒体工具的沟通和连接方式必然是不同的。这在网络上已有很多不同的课程，本书不再展开。

在新媒体上展示和推广时，关键在于清楚认识到何为成功，何为胜利。如在微信或微博中获"赞"，或者有多少阅读量重要吗？可以说重要，也可以说不重要。因为真正重要的是，与你联系和互动的人是你与志趣相投的人吗？是你主要的传播对象吗？他们是否认可你？他们在与你的联系中增加价值了吗？在互联网世界里的真正价值是传播推销自己的想法，与特定目标群互通互联，获得接受并被认可。

在互联网浪潮中做好自己，展示自己，不断利用各种媒体传播，吸引那些真正认同并持续地关注自己的特定目标群，再逐渐展示出将影响力从虚拟空间扩展到现实世界中的真正实力。

第五节　用心保持一点情怀

2014年10月23日，苹果CEO库克与清华钱颖一院长在清华大学进行了一次对话，在回答清华学子关于"是创业或自己工作？如何进入苹果公司？"的问题时，库克的建议：追随自己的心，一切都会水到渠成。只因为对这个事业或是产品有热情，才投身进去。同样的话，很多互联网巨头也说过，不是因为要创立公司而创业，通常是为了要改变世界，比如Facebook CEO马克·扎克伯格。在中国，走在互联网转型前沿的领军人物，海尔集团董事长张瑞敏先生，在2014年11月17日会见"亚洲管理大师"野中郁次郎时提出"让用户开工资而不是企业开工资"。也就是薪酬不再根据在组织中的位阶来定，而要根据一个人能够给顾客创造多少价值来定。

高汀在《紫牛：从默默无闻到与众不同》一书中说，"仅仅跟业内其他人的能力差不多不能让你成功，比同事更配合工作不能让你成功，更顺从也不会变得更不可或缺，让你不可替代的是做别人做不到的事。"

而在将来那个或许要和机器人去同台竞赛的时代，什么会让人与众不同、不可或缺呢？除了每天踏踏实实地工作、加码地学习，更重要的是，把工作视为艺术。朱光潜在《谈美》首章即说：无论是讲学问还是做事业的人，都要抱有一副无所为而为的精神，把自己所做的学问事业当作一件艺术看待，只求满足理想和情趣，不斤斤于利害得失，才可以有一番真正的成就。

毛泽东主席说过：人是要有点精神的。抛开传统的层级尊卑之想，寻求并开展有趣的、能给身边的人带来价值的项目吧。最后，想谈一谈《红楼梦》。曾看到一个说法，贾母是书中最成功的女性。其见识和修养，固然有其家世的底气，但对待生活的婉转心事，也是很重要的。其实大家的生活都是差不多的，不过是看肯用多少心去过，愿意在什么地方投注心思。何止是做运营需要情怀，生活、感情，都同理可证。

附录:"互联网运营培训圈"课程笔记

线上培训,是一个高效低成本、覆盖面广的培训方式。公益性质的"互联网运营培训圈",不定期邀请互联网、终端行业内的专业人士在线上授课。在此精选了其中八课。

第一课　秦田:互联网传播的若干事

秦田,超过10年世界500强企业市场营销工作经验。

一、前言:一些数据

截至2014年6月,我国网民规模已经达到6.32亿,普及率为46.9%。在这6.32亿网民当中,手机使用率达到了83.4%,首次超过了PC端的80.9%,预计随着4G的不断普及,比例还会上升。2014年,平均每周上网时长达25.9小时。

二、常用的五种互联网传播行为

不管是PC端还是手机端,排名前三位的都是即时通信、搜索引擎以及网络新闻,这也解释了互联网传播的几个重要渠道。

1. 即时通信。目前的微博、微信都是一种及时通信媒介,所以互联网传播工作里很大一部分都是围绕社交开展的。根据传播目标设计话题，然后在微博、微信、论坛、SNS 网站等各种社交媒体中去传播话题，吸引讨论。这类传播工作一般归纳到公关工作中。

2. 搜索引擎。这部分主要是做关键词优化和购买。在推广时间段，针对推广的对象，向搜索引擎购买关键词排名，争取在搜索时尽力靠前。

3. 网络新闻。这里实际上可以分为两部分：（1）制造新闻，是话题炒作的一种，话题炒作的最高境界就是变成新闻，从一个话题到新闻媒体争相报道的对象。制造新闻是传统公关工作很重要的一部分，向媒体约稿或发稿；（2）新闻媒体投放广告，如在新浪、搜狐或者网易客户端时都会看到各类广告。因为新闻频道或媒介受关注度高，而且属于全国性的媒体，只要费用允许，投放的曝光度较高。总结一下，公关话题、搜索引擎优化以及互联网媒体投放（新闻媒体）都是比较主流的互联网传播和投放方式。

4. 视频。截至 2014 年 6 月，中国网络视频用户规模达 4.39 亿，视频广告投放也是互联网投放很重要的一个渠道。现在视频广告投放的方式也很多样，最主要的是贴片广告（也就是影片开始观看环节插入的视频或静态广告）。

5. 电商。电商渠道的广告投放最主要是和产品销售渠道紧密相连，更多是一种双方合作方式，广告投放与销售密不可分。

三、互联网传播下的思考

互联网传播下，品牌与消费者的关系发生了变化。最开始通过传统的电视、广播、报纸杂志渠道投放广告，去影响消费者，如图附 1 所示；然后互联网出现后，投放渠道增加了，有更多的渠道可以去影响消费者，如图附 2 所示。从一种告知于被告知的关系，变成了一种合作的关系。例如小米公司，消费者参

图附 1　以往的品牌渠道链

与到小米的产品和传播过程中，降低了小米的运营成本，同时用户也获得让利与成就感，双赢的结果。传统的传播思维是，基于品牌产品价值观、特性，发展出创意和概念，传播给消费者，影响他们购买产品。现在这种传播模式在改变，在发展创意和概念时，更多地从对消费者的洞察中开始，而且尽量要让用户参与到传播过程中，如图附3所示。

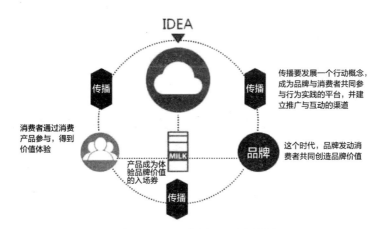

图附2　互联网传播下品牌渠道链

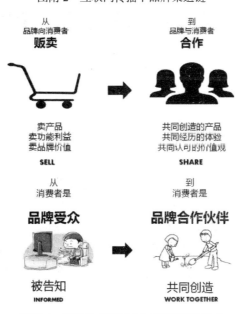

图附3　传统传播模式与互联网传播模式

四、案例分享

1. 蒙牛 M-plus 牛奶。牛奶联系的是健康，是能量，消费者购买牛奶实际是一种购买健康的行为。但是大多数人并不知道自己是否健康，以及如何检测自己的健康，所以蒙牛推广了这套 M-plus，包括智能秤、APP 和纯牛乳。通过智能秤了解自己，通过 APP 监控自己，然后提供纯牛乳这类最健康的产品印象，以一种自然的方式推广自己的产品以及传播健康的形象。

2. 特仑苏。电视广告相信不少人都看过。在特仑苏的传播过程当中，始终强调的是"更好的自己，更好的未来"，这实际也是在洞察消费者对牛奶消费背后的心态。但是传播不至于此，特仑苏还发起了一项名为 99 个更好计划的活动，消费者在看到广告之后，可以参与到这个活动当中，为 99 项目众筹。无形中去强化了"更好的自己，更好的未来"这个概念。

第二课　周磊：自然交互，智能生活

周磊，科大讯飞云平台事业部运营总监。

一、科大讯飞语音云开放之路

科大讯飞云平台事业部，是一个给开发者施展自我的平台。自 2010 年在国家会议中心率先发布"全球首个移动互联网智能语音交互平台——讯飞语音云"以来，目前应用数已经突破 7 万，终端用户数也突破了 6.8 亿。现在提供十大基础的免费接口，在"大众创业、万众创新"的带动下，提出以技术孵化带动开发者。科大讯飞语音云开放之路如图附 4 所示。

图附4 科大讯飞语音云开放之路

2014年8月20日,科大讯飞再次在国家会议中心发布了语音云3.0,并提出了"讯飞超脑"计划,率先启动人工智能战略布局,吹响了让机器能听会说到能理解会思考研究的号角。语音云3.0自然交互开放平台如图附5所示。

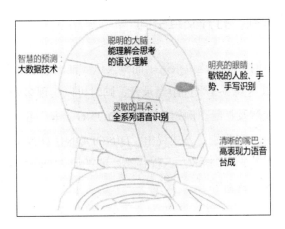

图附5 语音云3.0自然交互开放平台

科大讯飞除普通话、英语以外,还推出了多种方言的识别,目前开通了14种方言。另一个示范应用——灵犀,可以打电话、发短信、建提醒,特别是翻译、聊天等一些超强功能。

目前在语音合成方面,可以做到惟妙惟肖。例如,为高德地图定制的林志玲、郭德纲的语音播报,这样在开车的过程中就不会变得枯燥无味。在司机端的合成播报就是讯飞开放平台提供的,目前服务已经覆盖了全国的99.8%的打车市场。

二、语音唤醒,智能硬件新风口

提到"唤醒",如最近比较火的智能家居和智能硬件,包括机器人,唤醒的应用是巨大的。为了做到随叫随到,低功耗是重要的能力。在嘈杂环境下,唤醒率超过97%,24小时误唤醒不超过1次。例如"小鱼之家",一款陪伴类的机器人,通过发出语音"小鱼帮帮忙",便可以直接唤醒她,实现人机交互,完全解放双手。

当下一个风暴来临,唤醒应该会成为智能硬件的一个重要应用。在讯飞开放平台(www.xfyun.cn)上可以非常方便地申请。

三、远场识别,打开交互空间

以前人机交互时,都要距离很近。而科大讯飞推出了远场识别,也是业内唯一实用的,可以达到3~5米远距离录音,同时可以实现多麦克定向及降噪,回声消除,语音唤醒及打断。例如,"DINGDONG音箱"正放在茶几上放歌,只需要用"唤醒+远场识别"方式说出"DINGDONG DINGDONG,来一首王菲的红豆",她就会立刻播放。这样在客厅的任何一个角落都可以很方便地使用"DINGDONG音箱"。

四、人脸识别

科大讯飞的人脸识别是和香港中文大学合作的,早在2014年以前,汤晓鸥教授带领的团队就已经在全球领先,香港中文大学人脸识别的成就早已超过了Facebook、FBI。

五、讯飞超脑，让机器人考上重点大学

2014年8月20日，科大讯飞在北京国家会议中心发布了讯飞超脑，从计算智能的能存会算发展为感知智能的能听会说、能看会认，再向认知智能的能理解、会思考进一步迈进。科大讯飞还承担了国家863类人高考答题项目，希望在未来3~5年内，机器人可以参加高考，并考上重点大学。

在2015ROBOCUP机器人世界杯大赛中的开幕式中，科大讯飞的智能机器人"飞飞"既担任安徽合肥市长张庆军的英文翻译，又为RoboCup国际联合会主席田野五十澍担任中文翻译。

第三课　詹宏帅：坐在家里买铁搭

詹宏帅，中国铁塔福建省分公司采购专员，高级经济师，注册招标师，物流师。

一、课程笔记

互联网时代，只有两个极端才能立于不败之地。第一种是内修，以"静"为法门。必须有一门别人无法模仿的技艺，如艺术、文学，一旦为大众认可，会随着时间保值增值，并且最关键的是别人无法模仿，无法迭代。第二种是外修，以"动"为法门。必须不停学习，不断迭代，兼容并包，海纳百川。不断创新，才能保证立于不败之地。从更适应的角度来看，静对个人，动对企业，各有利弊。

如果没有在电信、移动、联通三家运营商或者国企做过采购工作，便无法理解当第一次听说乃至看到中国铁塔公司在线商务平台时的那种感觉。从这个平台上，任何员工都可以实时看到全国、每个省的采购情况，每个供应商的采购情况，每个月的采购情况。互联网时代最重要的信息，可以在这里轻松获得，不再需要手工录入。

首先要讲的是三驾马车。中国铁塔作为国企改革的试验田，从信息架构（一体化）、组织架构（扁平化）、建设架构（一点化）三个维度进行了彻底的颠覆、变革。这三个变革彼此影响，确保了公司的灵活性，以适应互联网时代。电子采购平台就是以信息一体化为前提，以一点结算建设架构为理念的工具，同时它也实现了组织架构扁平化。

三驾马车里面，最重要的是信息架构。铁塔公司从公司成立开始，就禁止各省自建平台。所有管理信息平台全部由总部搭建，公司自己开发建设，而非外包开发。这样带来两个好处：一是不会出现原来电信运营商各省独立，总部无法对数据进行收集处理的情况，各省数据也无法造假；二是不会出现被第三方企业，如新大陆、华为、中兴、神州泰岳等各种软件开发商绑架的情况。平台自己开发，不会导致后期维护价格高昂，即使是本省系统都无法互联互通的情况。也正是这样，为采购平台奠定了基础。

由于受到一体化信息系统的支撑，铁塔实现了"一点结算"的工程建设架构。"一点结算"就是"敏捷供应链""拉式生产""看单生产"，如一个地市区县最基层的员工项目经理要建一个基站，原来需要立项、设计、建设、采购、审计、决算、付款、转固、后评估等一堆事情。而现在，他只要在工程系统上选择要建设的基站的类型，系统就会按固定设计图集，设计出建设这个站要什么服务，什么设备。并且自动传导到设计模块，经过专人确认设计批复后，立项成功，系统自动传导到采购平台。采购员复核信息后，自动传导给供应商。供应商生产后，项目经理现场确认到货，进行后评估。系统自动转到财务付款，同步进行审计、决算、形成财务报表，最终完成。

原本无比烦琐的事情，现在一个基层人员主牵，链条式推进，辅助人员确认后就完成了。这么庞大的系统自己开发，开发的人会不会很多，于是就出现了组织架构扁平化的管理思路。

研究院的开发人员属于弹性编制，按项目招人。同时，由于信息系统管控力度强，所有工作都依托总部的一体化系统，所以，除了一线地市外，总部特别是省公司的管理人员很少。目前，全国铁塔只有一万八千人，比一个省的一个运营商人数还要少。人员的精简又进一步促进了公司的活力，降低了人工成本，提升了效益。

为什么铁塔公司可以用淘宝模式买设备，而不用公开招标。铁塔采购平台和运营商的采购平台是不一样的。运营商也有采购平台，但平台上的东西都是通过招标确定了中标单位以及中标价格以后固化到系统的。而铁塔的平台是实时变动的，供应商每个月修改价格，而地市公司每个采购订单都可以在入围范围内随意选择供应商、服务商。中国铁塔招标金额限制如图附6所示。

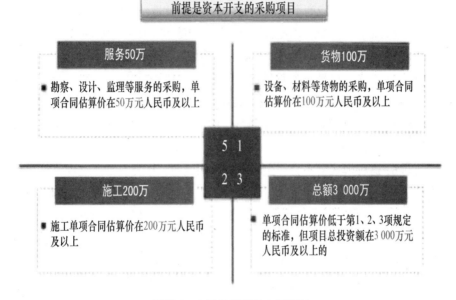

图附6　中国铁塔招标金额限制

在线采购高度灵活的互联网模式较公开招标长期僵化的模式存在巨大优势。这就是铁塔公司建设、采购、运营的"最核心基点"。

二、互动回答

问题1：铁塔公司向谁买铁塔，是设备商吗？

回答1：铁塔公司向原来给运营商卖铁塔的厂商买铁塔，即设备商。可以把铁塔商务平台理解为淘宝，供应商是商户，通过总部认证以后，可以开店、报价等。

问题2：拆分项目规避公开招标是否打政策擦边球？

回答2：拆开项目，即单项立项，如果严格执行的话，确实不违法，法律是按照项目金额划定招标限额的；铁塔单个项目，建一个站只需 10 万，不到招标额。

问题 3：现在货送到现场还是到仓库？

回答 3：总部要求零库存，直送现场，但考虑实际操作存在一定困难，目前还在进一步考虑中。

问题 4：铁塔供应商是否通过招投标集中引入，多久引入一次？份额如何控制，如果采购集中在某些厂家上想控制，如何管理？

答：首先，铁塔供应商不是招标引入的，铁塔就是一个平台，类似淘宝，供应商只要认证通过了，就可以随意报价，采用的是淘宝模式，互联网思维运作。

问题 5：单个采购会不会增加成本，因为如此一来就没有规模优势了？

回答 5：首先，这是一个旧观念，招标是有时限要求的，一般一个项目最快 2~3 个月，招标完毕后进行应用，这样一来至少半年做一次才有意义，但半年后价格早已变动；其次，就规模而言，淘宝网反而是最有规模效应的，所有的报价透明，排序可一目了然。

问题 6：这种模式会不会产生私下交易的问题，毕竟是独立立项，每个负责人可以自主选择用哪个供应商，是否涉及单一来源的问题？

回答 6：毕竟是独立立项，每个负责人可以自主选择用哪个供应商，所以会，但是反复强调的就是解放思想：首先，平台是透明的，每个人买什么都能看见，畅销、好评一目了然；其次，平台有淘汰机制，评估一定时间后，报价过低、不足 60 分的就会被淘汰，不能参加选购；再次，总部也提出，铁塔讲究的是包干，每个基站包干到每个区域经理身上，所赚的租金比花费的采购金额、维护金额多，便能赚钱；最后，单一来源的问题，法律上来讲，只要不到招标线，用什么采购方式，都是合法的。

问题 7：目前铁塔公司的商户认证是定期开展的吗？对合作商户有哪些基础要求？

回答 7：每个季度开展一次，合作的要求在"中国铁塔在线商务平台""认证通知"的公告中可查找。

问题 8：平台只卖铁塔吗？

回答 8：不是的，所有建设基站所需的东西，主要分为四大类：运营物资、运营服务、综合物资、综合服务，同时部分物资实现京东直联，所以都可以买。

第四课　陈志刚：微信思维

陈志刚，电信行业知名专家，资深研究员，行业分析师。

一、课程笔记

（一）怎样理解微信？

协助人们寻找信息的不同方式造就了三个互联网时代的伟大企业：雅虎、谷歌、Facebook。但是到了移动互联网时代，伟大的产品和企业，从西方到了东方，即微信和腾讯。

第一，微信是移动互联网时代的高频、实时沟通的工具。微信有个统计数据，平均每人每天打开微信200次以上，相信没有任何产品可以与之媲美。第二，微信是传统和新兴商业逻辑移动互联网化的闭环、封闭、一体化的平台。信息、沟通、交易，微信完成了闭环。第三，社交是微信的本能，也是第一个在移动的环境中诞生的产品。第四，腾讯把微信看作是自己的"半条命"，即腾讯是要开放合作，构建生态的，而不是自己玩。

（二）为什么说微信是一种思维方式？

所谓思维方式，即解决问题的模式。在移动互联网时代，需要向移动互联网转型，任何人和组织，都必须考虑用微信怎么做，和微信怎么连接……这就是一种寻求解决问题的模式，微信成了寻求问题和答案的自然逻辑和思考方向。

这个体现在四个方面：第一，用微信连接用户成为自然的思考方式，目前也是最好的方式；第二，微信提供沟通、信息、连接、支付、接入的基础能力，而且这种能力是通过统一入口实现与6亿用户迅速连接；第三，越来越多的伙伴聚集在微信的生态中，从政府到商业组织，从个人到机器，都在这个生态中生根发芽；第四，接入微信成为客户、供应商、政府的必然选择。

（三）关于对微信思维的理解

理解移动互联网和互联网的本质不同，是更好地理解微信的基础。关于对微信思维的理解：在《微信思维》一书中总结了微信思维的重要条款，或者思考问题、寻求解决方案的规则模式。

- 上帝条款：把用户有价值放在上帝的位置
- 阳光条款：把一切商业体系放在规则下运行
- 岩石条款：让用户替你交付一切
- 森林条款：敏捷是能够活下来的关键
- 河流条款：永远在线创造的交易和交付的现场沉浸感

以岩石条款为例，用户是基础，在移动互联网时代，用户不只是用户，也是伙伴，成为商业逻辑中的一部分，而且是商业逻辑的基础土壤。比如，以前很多终端厂商依靠运营商渠道，因此会关注运营商的偏好而不是用户需求；但是小米出现后，就颠覆了。从MIUI营销到口碑，有大量以前在企业内部负责的工作被小米用户负责了。

（四）分享一个典型微信改造后的案例

某家用微信接入后的医院的业务流程如图附7所示，看微信是如何针对传统行业的痛点提供解决方案。

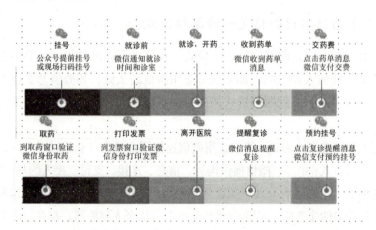

图附7 微信接入后的医院业务流程

人们去医院就医有几个痛点：预约挂号（排队）、缴费（排队）、取药（排队），手里拿着一堆单子东奔西跑，接入微信后，公众号成为医院的门诊，自助挂号，挂完号看病前能及时提醒，不用刷卡带现金，微信支付药费，然后拿着手机去药房出示支付凭证二维码，取药即可。回家吃药，也有提醒。每一步改变都直接瞄准用户痛点，核心在于微信的信息沟通能力、支付交易能力。

微信思维是移动互联网思维的一种主流思维，是因为微信是一个巨大的平台，是移动互联网最重要的基础设施。当然，还有其他思维，如共享思维、上门思维、粉红思维、智能思维、数据思维等。

二、互动回答

问题1：终端厂家有机会颠覆微信吗？比如华为，CMCC的融合通信？

回答1：没有机会了。高度的用户黏性和腾讯不断发力生态建设构建，后来者几乎无可能追赶上。

问题2：为什么是微信能针对传统行业的痛点提供解决方案，而不是其他？

回答2：现在是生态竞争，就是微信的高频沟通、支付闭环和生态系统，如目前基于微信企业号的第三方应用超市。

问题3：在微信思维是主流的情况下，要运营一个业务，是否还要APP，这两种怎么分工定位？

回答3：微信的企业号出现后，APP已经死了。中小公司，如果没有BAT的背景，也没有像京东这样的雄厚资金实力，就放弃APP吧。在微信上，传统企业接入的成本极低，微信公号＋微信支付＋第三方应用，就可以快速完成移动互联网化。

问题4：目前除了微信在建设生态体系，支付宝也在建设类似的东西，如何看待支付宝与微信之间的竞争关系？

回答4：支付宝的基因是交易，微信的基因是沟通，沟通中包含了交易。从沟通向交易延伸很自然；反之，则是逆流。

问题5：既然微信积攒了大量用户，如果开发一个新的业务，是否必须做微信授权登录？该如何处理自有业务与微信的关系？当入口被微信把控后，用户属于微信还是属于我们？

回答 5：如果不用微信，有其他更好的选择吗？

问题 6：微信会垄断吗？

回答 6：微信即使是垄断，也应该受到鼓励和支持。

问题 7：微信是否会衰败，取代微信的将是什么形态的业务？

回答 7：这个问题暂时不用考虑，要考虑的是目前如何借助微信的红利发展的问题。存在的都是要灭亡的，但是至少目前的存在是最合理的。

问题 8：微信在交易支付还有没有发展改进的空间，保持现在这种模式可以吗？

回答 8：目前的模式是可行的。肯定有改进的空间。

问题 9：在推广 APP 应用时，是采用自己的 APP+ 微信的公众号 / 服务号协同发展，还是只依托于微信？

回答 9：并重最好了。

问题 10：如果同时运营官微和 APP，有什么好的协同方式吗？

回答 10：是否做 APP，要考虑业务是否为高频业务，如果比微信高频就可以做。

第五课　许宁："互联网 +"时代传统企业创新转型

许宁，和君集团资深咨询师与合伙人，和君集团湖南公司总经理，浙江大学管理学院、成都理工大学客座教授，中国电信学院特邀讲师，和君商学院五届、七届、八届班主任兼"互联网 +"大讲堂讲师，著有《蜕变：传统企业转型心法与手法》。

一、课程笔记

（一）互联网带来什么

首先是互联网在结构层面带来的变化。以互联网解构和重构出版业为例，互联网在出版行业带来的变化很有代表意义。先是电商，带来的是渠道电子化；然后是电纸书、移动阅读，带来的是产品电子化。背后更重要的是产业结构的变迁，出版社变得不太重要，重要是作者和读者。

其次是互联网带来的新玩法。可叫作蓄水养鱼，如图附8所示，在互联网领域司空见惯，但对传统的企业来说是革命性的变化。

所以，从实体经济的角度，互联网+是一个时代，对很多行业来说意味着解构和重构。对个人来说，互联网+是一种生活方式（从炒股的角度来说，也有一些投资机会）。对企业来说，互联网是一种杠杆，借助互联网，也许会完全突破原有商业模式的限制。

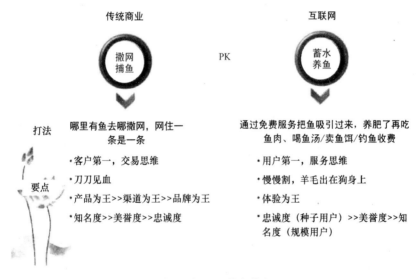

图附8　新玩法蓄水养鱼

（二）一些企业的尝试

企业参与互联网一般会经历过这四个阶段：看别人玩—试水电商—互联网思维—产业互联网，如图附9所示。

2015年开始，互联网深入到中国经济的方方面面。这里的互联网是大互联网，包括桌面互联网、移动互联网、大数据、云计算、物联网在内的一个集合。

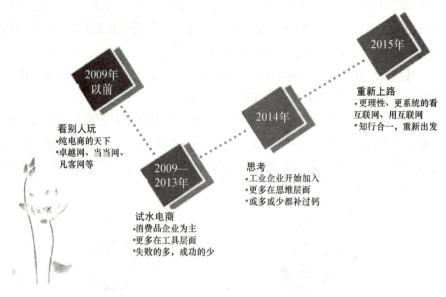

图附9 企业参与互联网经历的四个阶段

举两个例子：一是海尔。如图附10所示，海尔是从战略、业务、组织三个层面的互联网化。互联网不仅仅是一种工具，更是一种精神，开放、协同、共享、自组织，这些互联网精神从概念化为真实的商业力量。基于IT和网络平台，实现四网合一，又把大公司变成一个个的阿米巴组织的联合体，海尔就变成了一个平台——提供家电服务的基础平台，员工变成了创客。

第二个是湖南的一家工程机械企业。公司概况：成立于20世纪80年代，是工程机械领域的龙头企业之一，客户遍布全球，年营收400亿元左右，旗下有上市公司。2015年全新战略：互联网转型。当前困境：各部门抽调精干分子组成"互联网转型特别行动队"，研究海尔、小米、BAT等，也就是工程机械企业要搞互联网转型。下一步怎么办？选择一：借助互联网工具，如微信、APP、网站，提升对现有客户的服务能力（意义不大）。选择二：基于现有产品，针对新客户进行网络营销和网络销售（同样意义不大）。选择三：基于互联网思维和互联网精神，借助互联网工具，从市场需求出发，实现A企业的创新升级（注意：非颠覆而是升级），确保在工业互联网时代A企业的领先定位。

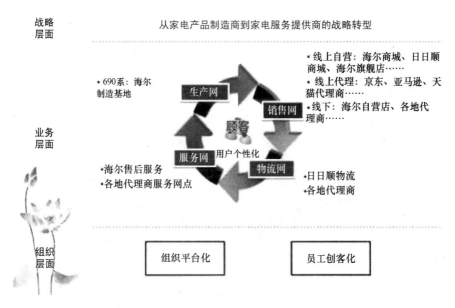

图附10 案例：海尔的互联网转型

路径一：内生能力——基于现有资源能力，创新机制，以客户需求为导向，借助互联网创新业务模式（如产品＋服务＋供应链金融、专业服务，但具体怎么做，需要深度调研目标客户才能确定），做大做强。

路径二：产融互动——基于上市公司平台，以资本并购的方式，收购行业内互联网＋能力和创新能力较强的企业和团队，以互联网思维和互联网工具进行业务模式改造，快速做大体量；然后，借助互联网概念＋并购题材，推高上市公司股价，提升上市公司的融资能力和行业影响力；再跑马圈地，圈定行业内的优质资源和优质人才；同时，辅以业务升级、组织能力和管理模式的升级，确保资源的有效承接，从实现螺旋式上升，拉开与第二名的绝对落差，成为产业的龙头创业。

核心思想：互联网既不是互联网营销，也不是电子商务，更不是争夺互联网人才，而是以互联网精神和资本为杠杆，突破机械制造企业-产品型公司的边界，变成一个聚合资源的服务型、平台型企业。

（三）个人的一点思考

互联网＋时代的企业转型之道就四个字：守正出奇，如图附11、图附12

所示。互联网转型绝不是走捷径，而是走正道，跑起来，奔跑中调整姿态。以小米公司为例，小米就是产品经营+资本经营的创新商业模式案例。

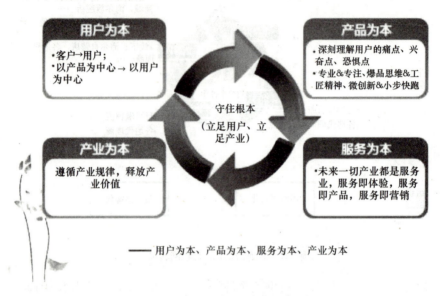

——用户为本、产品为本、服务为本、产业为本

图附 11　守正：守住根本

——新常态、新思维、新方向、新打法

图附 12　出奇：出奇制胜

二、互动回答

问题1：中国移动是传统企业吗？未来转型前景如何？

回答1：中国移动是99%的传统企业，企业转型战略很好，但需要依赖业务体系、组织体系和人才体系三大体系的落地。以中国移动目前的体制，组织体系不可能跟上。人才很多，但在这个体系里潜力只能发挥出50%。

问题2：移动子公司咪咕公司的前景怎么样？

回答2：赛道很好，但咪咕能跑出来的概率不高。如果咪咕机制的灵活性比较高，概率就高一些。

问题3：有一种说法，企业有自己的生命周期，99%转型必然失败，你认为如何？

回答3：企业如果能实现产融互联网，市值曲线和产业曲线相互协作，相生互动，以市值为制空，以资本为手段，通过并购整合的方式，转型成功的概率和比较高的。现在很多采取上市公司＋产业基金的模式，就是上市公司战略转型的主流方法。只靠原有的团队、资源、人才和能力，99%转型会失败。

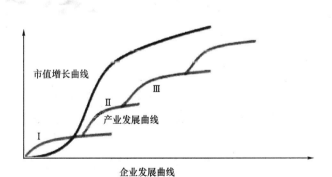

资本经营：未来企业的产融互动发展模式

问题4：稻盛和夫的阿米巴跟中国电信的划小承包有点类似。为什么海尔这种制造业是有互联网精神的，而运营商的转型前景反而不被看好呢？

回答4：运营商什么时候敢和员工进行利润分成，不怕国有资产流失，就有互联网精神了。

问题5：社区O2O目前的发展及下一步更好地连接线上和线下需要重点把握哪些要素？

回答5：社区O2O目前整体投入资金过度，还是要回归到生意本质，到底在为什么人服务，提供了什么新的价值。线上还是线下不重要，重要的是怎么做可以提升产业效率，提升用户价值。

问题6：《蜕变》一书中提到人性是不变的？如何理解人性？

回答6：需求会随着社会和技术进步不断演变，但人性有善恶，再过5 000年也会这样，人类社会和经济都是建立这个基础之上。

第六课　蔡振华：带你走进VR的世界

蔡振华，司响科技创始人，idealens VR 合伙人，国内第一批移动互联网产品经理，曾主导国内第一批应用商店、移动支付、手机游戏产品的开发和运营，曾担任中国移动总部中层管理人员，先后负责过新产品开发、手机终端管理、投资管理、行业信息化服务、奥运和世博会大型赛事运营等工作。

一、课程笔记

VR行业，即人机交互平台，从20世纪80年代的个人计算机到90年代末出现的手机，正在向新的形态转变，而VR就是中间一个重要的展现形式和内容载体。

从产业的角度，以前的信息载体主要是报纸、广播、电视。计算机出现以后，整个社会步入信息时代，信息的传播和分享变得越来越便利，同时步入一个信息爆炸式增长的时代。但是，无论是电视、计算机还是手机，都脱离不了平面，所以这些体验对于人们而言，只满足了基础的信息获取的需求。

而很多科幻故事和神话小说中的场景，如孙悟空一个筋斗翻到十万八千里之外，又如通过时空穿梭机回到了过去，坐时空飞船穿越到地球的另外一端……这些场景在 VR 领域得到了很好的展现。

（一）究竟什么是 VR？什么是 AR？

虚拟现实（Virtual Reality，VR），是指通过计算、模拟产生一个三维空间的虚拟世界，及时提供视觉、听觉、触觉等感官的模拟，让用户获得与真实世界相同的感受。例如戴 VR 头盔是否有身临其境的感受，这是决定虚拟现实设备做得好与坏的一个重要指标。

增强现实（Augmented Reality，AR）是在真实的现实世界上增加展示信息，为现实的世界提供更多丰富的信息和内容。

2015 年，全球 VR 技术随着硬件性能的提升，进入了高速发展与完善的阶段。2016 年，VR 进入高速发展期，市场启动的各方资源资本投入都有较大提升。

增强现实是一种实时的计算摄影机影像的位置及角度并加上相应的图像处理技术的一种引用。AR 的目标是在屏幕上把虚拟的世界套在现实的世界里，并进行互动和交互。AR 对于图像识别和相应的硬件产业能力的要求比较高，目前还处于一个初期阶段。

AR 对于计算能力的要求比 VR 高一个数量级，目前 CPU/GPU 支持的力度相对弱一些。VR、AR 对比如图附 13 所示。

类型	内容	关键词	主要技术	入门难度	代表厂商
VR	虚拟	沉浸感、低延迟	大视场光学、传感与定位、计算和显示	低	IDEALENS Oculus HTC Vive Playstation VR
AR	虚拟+现实	叠加、识别、效率	光学技术、视觉定位、图像识别	高	Magic leap Hololens idealsee

VR——在虚拟世界中创造真实的感觉，AR——在真实世界中叠加虚拟信息及虚拟物

图附 13　VR、AR 对比

(二) VR 发展史

1935—1967 年为概念萌芽期。1935 年，小说家 Stanley 在小说《皮格马利翁的眼镜》中描述了一款 VR 眼镜，以眼睛为基础，包括视觉、嗅觉、触觉等全方位沉浸式体验的虚拟现实概念，该小说被认为是世界上率先提出虚拟现实概念的作品。

1962—1993 年为研发与军用阶段。1962 年，名为 Sensorama 的虚拟现实原型机被 Morton Heilig 所研发出来，后来被用以虚拟现实的方式进行模拟飞行训练。该阶段的 VR 技术仍限于研究阶段，并没有生产出能交付到使用者手上的产品。

1994—2015 年为产品迭代初期。VR 和其他科技发展一样，早期主要也是用于军事目的，20 世纪 90 年代曾经出现过 VR 的高潮，1994 年开始，日本游戏公司 Sega 和任天堂分别针对游戏产业陆续推出 Sega VR-1 和 Virtual Boy 等产品，在当时的确在业界引起了不小的轰动。因为当时设备成本高，内容应用水平一般，最终普及率并没有很大。

VR 从产品技术逻辑来讲，跟人眼、跟人体的自然反馈是一样的。从一个知觉的获取，到反馈，到互动的形成，和交互的发生，是一个闭环的场景，如图附 14 所示。

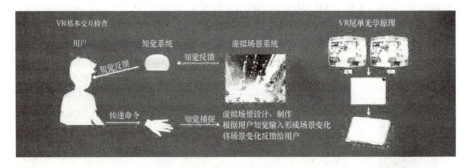

图附 14　VR 交互模型及光学原理

从图附 14 中可以看到，其实从发生动作（戴上虚拟头盔）开始以后，头往左边移动，整个头盔就立刻捕捉到运动信息，然后传递给整个操作系统，再传递给硬件，如 CPU/GPU 来处理。之后进行图形的渲染，最后在屏幕上呈现。

整个环节和流程比较长，涉及硬件的性能，软件的交互，甚至软件播放的缓存。

往往环节越多，控制越复杂。每个环节都有时延，如 LCD 屏正常的时延是 8~9 毫秒，而整个 VR 响应至少几十毫秒，所以 VR 极其容易产生眩晕。对于整个时延的控制，是解决 VR 眼镜交互的一个重要因素。

（三）VR 行业现状与预估

VR 生态版图逐渐清晰，主要包括硬件、内容、平台与服务，如图附 15 所示。目前模式包括两种：模式一为硬件、内容公司独资开发；模式二为硬件、内容、平台与服务合作。

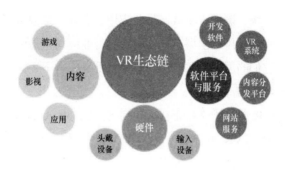

图附 15　VR 生态版图

1. 硬件

第一类，以目前国内和国际上最知名的三大品牌 HTC、PS VR、Oculus 为代表，它们主要是以连接 PC 投显加 PC 机的模式来解决 VR 体验的问题。

第二类，是以 Gear VR、Google Cardboard 为代表的安插手机的一种方式。例如 Gear VR，并不是任何三星手机都可以用 Gear VR，而是少数指定款，如 S6/S7/Note4/Note5。因为从体验上来讲，传统手机的互动交互方式跟 VR 存在较大差异。一个划屏动作对于手机而言有一定的时延，缓慢徐徐展开，这个慢动作展开体验比较好。但对于 VR，如果有时延缓存，将会是导致眩晕的一个很重要的问题。所以，像 Gear VR，它其实是 Oculus 做了安卓操作系统底层的优化。手机最复杂的就是显示和交互，这种优化是针对显示和交互的整体改造。

第三类，就是以 Idealens、AuraVisor 等为代表的一体机。这面临一个挑战，就是除硬件交互、光学之外，要解决一个很重要的问题就是操作系统。目前主流的一体机是基于安卓系统的。安卓系统里最复杂的部分是交互和显示，基本上全部做了重构，甚至连芯片底层的驱动，都破解重构了。目前，全球真正能提供商用的 VR 交互的操作系统的公司是非常有限的。

关于输入设备有很多类别，有动作捕捉类，如 Leap Motion，是基于手势识别的解决方案。Valve 基于光学定位的一个方案，还有其他公司基于类似诺伊藤惯性交互方式的解决方案。另外，还有一些泛体感的解决方案，如环式跑步机，对全身姿势识别的摄像头识别等的解决方案，如 Kinect、Omni。

2. 内容。

内容主要有三块，影视、游戏、行业应用。游戏、影视将成为 VR 内容制作的突破口，杀手级应用可引爆市场。游戏和行业应用也是手机主要的内容体现，但不同的是它们的展现方式和用户感知感受是完全不一样的。

3. 软件平台与服务

越来越多的 VR 服务于支持正在逐步完善。国外的 Unity、Uneal，国内的 Cocos，都是在 3D 和 VR 领域比较专业的工具。另外，关于 VR 的操作系统，目前多家都在发力，但都是基于安卓的。

Google 的参与会极大地优化安卓底层的性能。苹果手机和安卓手机如果使用同样的 GPU，苹果的架构对整个图像渲染的能力和性能远远高于安卓。虽然说 IOS 和安卓都是源自于 Linux，但它们对于图像处理和图形显示的优化算法和框架结构存在较大的差异。

很多终端平台，像国外的 Oculus、VR，国内的暴风影音，其实是一个做软件内容分发的公司，这个领域百花齐放。

4. 产业模式

VR 市场即将完成市场启动期，进入高速发展期。VR 产业模式主要分为以下三种。

（1）硬件＋内容＋软件与服务平台生态圈。Oculus 正在打造 VR 大生态圈，微软、苹果也可能紧随其后。具备做生态能力的公司非常有限，打造软硬件以及内容结合一体的生态圈，最关键是要有硬件能力，才能参与和指导。

（2）主题公园等线下体验模式。体验模式预计未来将成为 VR 内容分发不可或缺的一环。例如，THE VOID 主题公园、MBC 世界、迪士尼主题公园、好莱坞环球影城。

（3）垂直分发领域。包括百度视频、爱奇艺（腾讯）、优酷土豆（阿里巴巴）、乐视网等，传统视频分发厂商具备切入 VR 内容分发领域的优势。

除了这三个产业模式以外，还有一个很重要的领域是行业应用领域。以教育为例，职业教育更多在课本上，应运而生一个行业做 3D 教材。传统的基于二维平面，如演示的视频或者 3D 的内容，最终都会转向 VR，VR 能提供一种更真实的身临其境的感受。

5. 市场预估

VR 市场在 2020 年将达到 300 亿美元，VR 头戴设备将达 40 亿美元的市场规模。VR 全球市场规模及全球 VR 设备销量预期统计如图附 16、图附 17 所示。

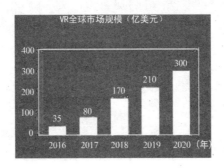

图附 16　VR 全球市场规模

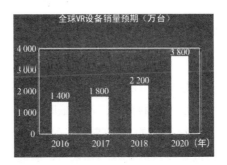

图附 17　全球 VR 设备销量预期统计

参照手机消费，按照人均每年消费一千块钱来衡量，手机市场大概为三万亿人民币的规模。可以预见，在个人计算机出现以后，传统行业向互联网行业转换，传统的个人计算机互联网向手机互联网转换，手机互联网向 VR 互联网转换，将会衍生巨大的市场空间。

6. 受众预估

预计到 2018 年，VR 头戴设备在潜在消费群体中的渗透率为 8.8%。可将 VR 的用户群体分为以下三类：铁杆玩家／创新创业者；轻度玩家／早期采用者；儿童／青少年（目前国际做 VR 的厂商大家默认的标准是 12 岁以上才可以使用）。

市场渗透率 = 商品的现有需求量／商品的潜在需求量

VR 头盔的渗透率预估曲线如图附 18 所示。

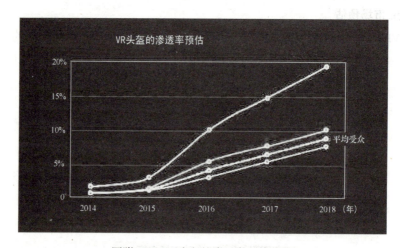

图附 18　VR 头盔的渗透率预估曲线

（四）整个全球 VR 头戴设备的现况

1. 核心参数

VR 头戴设备核心参数归纳有四个方面：一是屏幕分辨率，决定画质的优劣以及画面的大小；二是画面刷新率，对降低时延很有帮助，理想的情况下，几百到一千赫兹最能接近人的真实感受；三是画面延迟，如果屏幕能达到 8 k 以上的体验更接近真实。从人体感知来看，画面的延时越小越好，但因为硬件的存在，所以延时是不可避免的，目前国内顶级的厂商，能把时延做到 18~20 毫秒；四是屏幕视角，人的正常视角看前方是 160 度，最大能到 220 度，但一般来讲 160~180 度足够了。VR 头戴设备核心参数如表附 1 所示。

表附1　VR头戴设备核心参数

指标	指标描述	目前先进水平	未来趋势
屏幕分辨率	分辨率越高，画面质量越好，纱窗效应越小	2 560×1 440 px	由1k向2k、4k发展
画面刷新率	刷新率就是图像以怎样的速度更新，高刷新率会降低延迟，也是意味着会降低晕动症	120 Hz	75 Hz以上，越高越好
画面延迟	当你转动你的头部时，你所看到的内容可能会跟不上，这就是延迟，延迟越小，眩晕感越低	18 ms	稳定在20 ms以下，越低越好
屏幕视角	视场角就是视野的灭角度数，具有一个更高的现场有助于用户在VR体验中拥有更亮的沉浸感	120°	120°~220°

2. 头戴设备分类

头戴设备主要分三类：VR眼镜，VR显示设备，VR一体机。这三类各有优劣，VR眼镜进入门槛较低，劣势是成型感不足；另外，如果没有做过优化适配的手机用VR眼镜，使用时间长了对眼睛的损害比较厉害。VR显示设备核心优势在于计算能力比较强，画面渲染的效果比较精致，图形处理的流畅性较好；但缺点在于有一根很粗的HDMI线牵着，如果要做线下体验店，它的自由度相对受限。VR一体机使用场景非常灵活，画面效果急需提高。VR头戴设备分类如表附2所示。

表附2　VR头戴设备分类

类型	使用方式	使用场景	优势	劣势	例举
	配合智能手机使用	适合观看段视频，使用场景相对灵活	成本低，场景较灵活	沉浸感还不足，播放体验取决于手机，且与手机使用场景矛盾	三星Gear VR，Googie Cardboard
	配合电脑或游戏主机使用	适合比较固定的使用场景，通常在室内	计算能力强大，沉浸感较好	受连线限制，使用的自由度很低	Oculus，Sony PlayStation VR，HTC Vive
	独立使用	使用场景非常灵活	一体化专门开发和设计，更易提升性能、交互，更有粘性	画面效果急需提高	Idealens

3. 国外PC式VR产品

HTC Vive、Oculus rift和Sony PlayStation VR从视角、刷新率到屏幕分辨率的优势都比较明显。

4. 国外移动 VR 产品

国外移动 VR 产品以 Gear VR、VR one 和 Visus VR 为代表，主要依赖于手机的性能及是否针对 VR 进行了优化。什么手机都可以适配产品，严格意义上讲，是损害 VR 体验的，只能满足一时的新鲜感和好奇心。

5. 国外一体机 VR 产品

比较有名的是 GameFace 和 AuraVisor，GameFace 单眼 1 280×1 440，110 度，75 Hz，自有应用商店、Valve 游戏平台 Steam。AuraVisor 1 920×1 080，100 度，安卓系统，配置 HDMI 接口，可与 PC、Mac、Xbox、PS4 等适配。

（五）IDEALENS VR 一体机介绍

IDEALENS VR 是全球首款量产 VR 一体机，于 2015 年 7 月推出，前期主要针对合作伙伴和 VIP 客户，在做工等各个方面都是行业内的最高水准，如图附 19 所示。IDEALENS VR 一体机不受连线、手机电量等限制，适用于更多场景。采用自主研发的专业 VR 操作系统 IDEALENS OS，高度自主，深度定制。

关于知识产权，从目前的统计情况来看，国内其他的所有 VR、AR 公司，除了外观、设计专利外，其他的专利总和加起来与 IDEALENS 相当。

IDEALENS 团队，在整个 VR 和 AR 领域以及图像识别和深度学习领域做了十几年，行业内相关积累比较深厚。在 VR 一体机领域，IDEALENS 全球布局，在美国、日本均设有分公司和研发中心，多为在虚拟现实、人工智能领域取得突出成就的外籍专家任职。在全球来讲，领先其他公司至少半年以上。团队成员放弃了去美国硅谷的机会，留在中国，决心做一个植根于中国的全球公司。

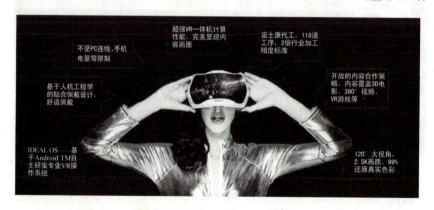

图附 19　IDEALENS VR 一体机

二、互动回答

问题1：暴风魔镜算VR产品吗？

回答1：暴风魔镜在国内的VR普及方面做了很多工作，目前推出的插手机盒子只能说是入门级的体验。真正的VR体验是指360度环绕+3D，目前很多摄像头号称VR，其实只是360度环绕，没有立体感，如用gopro拼接的。

问题2：VR一体机对网络的要求高吗？是否需要5G网络才能确保良好的体验？

回答2：VR的体验包括但不限于一体机，对于网络环境的要求比较高，如真正的VR视频直播的码流应达到30 Mbit/s，所以，需要宽带，需要5G。

问题3：VR普及要重点突破什么？是某个关键技术、整体成本，还是大众的接受度，或者是还没有深度的应用？

回答3：看生态的成熟度，这包括几个方面，一是内容的丰富程度，是否能在VR里面找到需要的或者高出预期的内容；二是硬件的成熟度，所展现的性能是否能够保障良好的体验；三是价格，能否像智能手机一样便宜。

问题4：视频需要4k级和高帧数，当前的4G网络似乎很难确保用户体验，在数据存储和数据传输方面有什么建议？

回答4：目前来说，数据存储方面没有特别的要求。但是对于实时直播类视频的分发，如CDN，会是一种考验。

问题5：VR暂时还用不到4k视频吧？

回答5：VR的视频的要求比传统的还高，简单想象一下，把屏幕从远处拉到了眼前，远处看不见的像素都变成了小颗粒。

问题6：司响科技，是"思想"的意思吗？

回答6：司是管辖的意思，响是声音的意思，司响科技是做声码的（一种声波水印工具，可类比为听不见的声音的"二维码"，可嵌入任意视频、音频或作为单独的声音文件播放）。

问题7：现在主要的VR内容的分发平台是什么？不同平台间的兼容性是否依然有问题？对内容开发者来说，适配不同硬件是否改动量很大？

回答7：这个国内外比较多，不过对于视频而言，一般意义上是普遍兼容的，对于游戏和应用而言，针对不同的 OS 需要做不同的适配开发。

问题 8：是不是现在 VR 开发者很难从内容开发中获利？

回答 8：获利分很多种，直接收益只是其中一种。另外，收益的确和产业规模有很大关系，早期从业者往往都会面临直接收益和机会成本的博弈问题。

问题 9：现在 VR 是风口，几个国内 VR 的游戏团队更愿意在 PS4 平台上开发，不愿移植到手机上，是因为手机处理能力不行吗？

回答 9：目前尤其是国内的用户，对于游戏或视频这种体验型商品的付费习惯和意愿都不是很强。PS 有一个相对成熟的游戏开发变现的途径，往往规模比较大的公司更愿意做有成熟生态的体系。

问题 10：现在 VR 长期佩戴除了眩晕感外，出汗、头部绑带的不舒适以及眼镜的影响都让用户无法坚持使用设备，导致后向收费困难，是否影响了开发者的利益？

回答 10：VR 的体验还是要根据设备和内容的不同而有差异。在当前硬件产业水平下，能够做得体验比较好的 VR 设备是相对有限的。

第七课　顾嘉：超过 1 000 天的运营体验分享

顾嘉，"故事书"创始人、中国移动新闻宣传民间智库成员、中国移动 Labs 网站顾问，百度百家、搜狐 IT、钛媒体、虎嗅网、今日头条等多家科技媒体专栏作者及自由撰稿人。

一、课程笔记

新媒体背后一定有更深层次的意义，就是沟通。通常意义上，沟通就是两个人在交流，或者说是跟交流对象传递信息。但是大部分情况下，沟通都是低效或者无效的。大部分的沟通，去沟了，但是没有通，就只剩下一个沟。

究竟人们还有没有好好说话的能力?好好说话似乎成了现代社会人的一个必备技能。

(一)认清这个时代

人们都在讲,新时代,旧时代,这是一个最好的时代,这是一个最坏的时代,新时代新在哪里呢?甚至还有人会问新又怎么样呢?但真的是可以不用去管这个新吗?先来看看这些行业。

第一个行业是传统百货业,现在传统百货业正面临非常大的危机,百货商场已经几乎没有人去了。什么原因呢?人们可能会说因为淘宝网霸占了绝大多数有支付能力、有支付意愿,并且有移动智能手机的一群人。

2015年的"双十一",阿里巴巴创下了912.17亿元的成绩。2015年有84%的网民参加了此次"双十一"活动,这个数字就代表了一种趋势。各种各样电商都在做客户测交流和沟通以获得更大的流量,达到更多的流量红利。

第二个行业是传统的手机业,之前传统的手机业霸主是诺基亚、摩托罗拉这样的国际巨头。但是今天统治手机业的已是苹果公司,苹果能一直辉煌吗?这个问题要打一个大大的问号。现在在国内市场有大量的这种手机厂商也在快速崛起,如华为、小米等。很多非常经典的手机宣传海报,先不论手机本身怎么样,至少从海报的设计上,充分体现出传播者跟用户、跟潜在用户之间沟通时的匠心独运。

还有传统汽车行业,都受到像特斯拉和现在新型电动车的冲击。传统的价值体系正在被一步步地瓦解。这个时代唯一不变的,就是变化本身。

马云曾讲过,对于一个新事物,一般人的状态分为四个阶段,第一阶段看不见,不知道趋势在哪里;第二阶段看不起,不就是个××吗,有什么了不起;第三阶段看不懂,不知道别人在做什么;第四阶段,来不及,别人已经布局完成了,还在固守传统的思维,肯定来不及了。

所以,趁一切还不算太迟,是时候认清这个时代的变化了,否则未来就更来不及、赶不上了。

(二)关于新媒体

2014年,有一部纪录片《穹顶之下》,是柴静做的一个独立调查,当时这个视频在全网的播放次数是一天超过将近一亿次。

由于无线网络的升级,音视频成为新媒体的新载体,由于智能终端的普及,移动端成为媒体的新阵地。可以说,新媒体正在潜移默化地影响和改变着人们的认知和生活。原因分析如下:第一个原因是话语权的转移,"权威"变得没有那么权威。第二个原因是个人的全面崛起,传统组织正在面临深刻的改革需求。传统企业也好,组织机构也好,真正的对手是在组织机构内的个人,他们正在变得日益强大,有随时离开这个组织或者体制,并且能够生活得更好的能力。这是现在传统企业面临的非常尖锐的问题。第三个原因是网络社会正在快速地进化。参差多态这种社会协作已经成为现实,越来越多的协作是通过互联网完成的。

现在的社会早已被新媒体包围,或者说新媒体跟人们是相互改变的关系,甚至可以说新媒体已经成了社会上的某种生存方式。由于注意力的分散,碎片化阅读跟浅薄变得常见;由于泛娱乐化的蔓延,亚文化成为现象级文化潮流。

以传统的媒介大亨麦克卢汉为例分享对新媒体概念的认知。麦克卢汉有两个很著名的媒体媒介方面的言论:(1)媒介是人体的延伸;(2)媒介即讯息。人们讲的媒体也好,媒介也好,一直离不开报纸、电视、手机……。其实并不是这样,真正的媒介就是信息本身。一切皆产品一切皆媒体,媒体产品化产品媒体化。人们说的每一句话、写的每一篇文章、交的每一份报告、开的每一次会、做的每一次交流、办的每一件事某种意义上都是媒体。

(三)人们怎么办?

为什么要研究媒体?在农耕文明时期,最重要的就是物质资源,物质交换是当时社会普遍存在的方式。到了工业文明也就是瓦特改良了蒸汽机之后,能源变成社会的最重要的财富。到了今天信息文明时代,能源还是最重要的吗?

当然不是。在当今社会,最厉害的公司已经不是像美孚石油、中石油这样掌握能源资源的公司了,而是信息交换的公司,如阿里巴巴、百度、扎克伯格的Facebook等,它们掌握着信息资源。

有一句老话叫"靠山吃山,靠水吃水",在信息文明时代,信息周边产业或者媒体周边的产业,一定是可行的。

未来社会哪些人会活得更好呢?在《全新思维》一书中给出了答案,未来世界属于"高感性族群",即属于有创造力,具同理心,能观察趋势以及为事物赋予意义的人。

高感性族群有如下特征:

(1)不仅注重功能,还注重设计。现在中国人已经不是物质匮乏,而是物质极度泛滥。在这种情况下,用户的选择权非常大,不仅是要功能,而且希望有品质、有美感,甚至还有情怀和感情。这时候,一个好的产品或媒体需要对外散发的信息就显得非常重要。

(2)不只是设论,还要会讲故事。讲故事是非常重要的能力,考验一个人的各方面综合能力。有趣变得非常重要。

(3)不只是专业,还谈整合。例如,华为手机做一个朋友圈计划,联合各种移动互联网厂商推出了一系列交叉捆绑的政策,非常实用。

(4)不只有逻辑,还要有关怀。在对外沟通交流时,其实不能光讲逻辑好,还要讲感情。如短视频《粉笔》中情感和关怀给人的冲击。

(5)不只正经,还要懂玩乐。例如在手机界文案中非常经典的魅族和荣耀的手机广告就广受好评。

(6)不只赚钱,还重意义。以锤子手机的海报为例,海报内容"通往××的路上,风景差得让人只想说脏话,但创业者在意的是远方——罗永浩""以傲慢与偏执回敬傲慢与偏见"。不管手机本身,它对外传递的信息让人很有共鸣感,让很多人心生向往,产生共振。这就不光只顾着赚钱,还在讲意义层面的事。

广告是一种非常典型的媒体,用心设计的广告总让人感到新奇、温暖。

新媒体时代具备以下几种特征:

(1)共情不矫情。微信的广告语只有一句话"微信是一种生活方式",感觉一下被触到,微信真的已经进入人们的生活,成为一种生活方式。

(2)创新不跟随。经典营销理论书籍《定位》中讲到,定位就是占据人们这种心智份额。

(3)积极不懈怠。

(4)审美不疲劳。要将产品设计理念和视觉享受传递到位。

(5)偏执不平庸。

(6)秒速不等待。尤其在新媒体时代,要及时跟进热点。

(7)饥渴不满足。

(8)耐造无止境。

在新媒体时代应该怎么办呢？其实就是一句话："人格媒体化"，打造一个更漂亮的自己，也会在社会上获得更多认可，活得更好。

怎样才能打造一个更漂亮的自己？怎样才能够让人格媒体化？怎样才能让自己具备更多更高的媒体属性？其实这是一个更加宽泛的话题，我们可以在今后交流。

二、互动问答

问题：现在新媒体的出路是 IP 人格魅力化吗？

回答：新媒体其实是一个非常广泛的概念，形式不重要，重要的是内容和灵魂。

新媒体也好，媒体也好，要把媒和体分开讲。媒介本身是一个载体，个体或者内容才是更应该关注的东西。传统媒体不行了，其实是说媒体通道不行了，媒体通道可以被代替，但媒体或信息本身是可以获得永生，不可替代的。更彻底地说，"人"才是最关键，最核心，最不可替代的。

第八课　颜鹏：一次微信主义的布道

颜鹏，资深媒体人，多年从事媒体运营和管理。独立撰稿人，杂文作家。

一、课程笔记

（一）重点解读张小龙的演讲

1. 一切以用户价值为依归

微信第一核心价值观是"一切以用户价值为依归"。

2. 让创造发挥价值

微信第二核心价值观是"让创造发挥价值"。

3. 用完即走

张小龙的观点是，微信做到现在最让他担心的是用户太沉迷了，在微信上花的时间太多。他觉得这完全违背他初衷。所以，微信有很多不可思议的东西，都可以用这些价值观来理解，如微信添加好友非常谨慎，要对方的认可，让对方通过；公众号获取用户非常困难等。他不希望无效的信息在微信朋友圈里传播。

4. 让商业隐于无形

这是微信区别于QQ等其他平台的特征。纯粹的商业信息往往会令人厌烦，达不到应有的效果，违背一切以用户价值为依归的核心价值观。微信提倡的商业从两个角度出发：一个是"个性定制"，另一个是"朋友背书"。

（二）从张小龙演讲中读出了什么

1. 基于用户体验的"公平规则"
2. 原创特权
3. 原创仲裁
4. 不骚扰用户
5. 轻

（三）微信的发展方向

第一步，通信系统/通信工具。它只是像QQ/MSN/微博等这样一个通信工具，它刚开始的时候是靠语音生存下来，那时其实是一个升级版的QQ，很容易被飞信这样的产品所打败。

第二步，从通信工具迈向浏览器。在微信上可以做在网页上做的所有的事情。今天的微信朋友圈、公众号，使用的都是网页浏览器的功能。

第三步，云系统平台，任何手机任何电脑都可以打开，所有数据所有内容都在的系统平台。一个随时可以取用，所有应用软件数据都在里面的窗口。一个换个手机电脑只要账号就可以使用的云系统平台。

二、互动回答

问题1：张小龙在演讲提到了谷歌，微信的用户价值观与谷歌的用户价值观的异同是什么？

回答1：微信的用户价值观，一切以用户为依托，谷歌也有类似的提法。微信非常强调玩的概念，同样是价值观，微信更加强调让用户玩，让用户愉快使用。微信团队非常会玩，玩得很有品位，跟谷歌，特别是支付宝是有很大不同的，谷歌相对严肃，更重于使用，微信在玩游戏上，很有心得，很有文化。

问题2：微信OS和安卓OS是一个层面的吗？

回答2：现在当然不在一个层面，这正是腾讯的野心所在。如果云系统做成，他将会超出安卓和苹果系统。因为它可以在云端保留数据，更换任何电子产品都可以完整获得应用和信息。

问题3：阿里OS没成功，百度OS也没有成功，腾讯成功点是什么？

回答3：一是巨大的用户量，二是更开放的平台，三是公平法则。腾讯是一个非常注重内部竞争的公司，在腾讯里有部门的牵制，相对更公平。一个对所有开发者，对所有的用户公平的环境，是它系统平台成功的关键所在。